自由に作って自由に使う

羊毛の 猫・熊・鳥の小物

イワタマユミ

朝日新聞出版

羊毛を触りはじめて20数年……。
羊の毛を石けん水でフェルト化させることで、
粘土のようにさまざまな形を作れることに気がつきました。

平面から立体になっていくプロセスを考えるのも楽しく、
日常の小物、アクセサリー、マフラーなどを次々と作りました。

羊毛フェルトの手芸は、基本的な仕組みがわかれば、
細かくつじつまを合わせる必要がなく、
ストレスも少ないので飽きずに作り続けられます。

調味料や火加減によって、お料理の味が変わるように、
羊毛の扱いも自由な発想で取り組んでみてください。
この本が羊毛フェルトの可能性を広げるための
イメージの源となれば幸いです。

イワタマユミ

もくじ

羊毛フェルトについて

この本の羊毛フェルト作品は、「自由に作って自由に使える」ことが特長です。

自由に作る

作り方の手順は簡単で、以下の3ステップで作ります。

step 1
元となる型紙に羊毛をのせて石けん水をかけてくるみ、こすりながらフェルト化させます。このフェルト化させることを縮絨（しゅくじゅう）と呼びます。

step 2
縮絨が進んだら切り込みを入れて型紙を取り出します。袋の形にするのか、平面で仕上げるのか、立体に仕上げるのかで羊毛の量と切り込みの位置は変えます。

step 3
さらに縮絨させて、しっかりフェルト化したところで流水ですすいで乾かし、顔や耳、模様などを付けます。

革や刺しゅう糸で仕上げる顔は、それぞれ皆さんの好きな色や素材で作ってください。少しくらい線が曲がってもそれが味となります。しっぽや耳などは、余った毛糸やコードを使って、思いのままに仕上げましょう。

自由に使う

コースターとして紹介している作品でも、窓際に吊るしてモビールとして楽しんだり、鍋つかみにしたりと、生活の中で気の向くままに使いましょう。

家にあるものに合わせてしっかりした形が作れるうえ、軽くて温かいということもあり、カップ麺の保温カバーや、アウトドアのコッヘル（アウトドア用の器）カバーなどにも羊毛の素材はおすすめです。

作り終わってもまだ縮絨が足りないな？と思ったら、再び石けん水をかけて縮絨を続けることでやり直しがきくので、失敗がありません。また使用するうちに薄くなってきた場合は、羊毛を足したり、ステッチを加えたりと、あとからメンテナンスもできます。

いろいろと形を変えられる羊毛だからこそ、生活の中を彩るさまざまなものに使ってほしいのです。

目を糸巻きボタン（☞P.62参照）にしたり、
ヒゲは糸をほどくとユニーク!

きほんのねこを
好きにアレンジ

変わり糸で
フサフサのしっぽに!

裏面に縦に切り込みを
入れてポーチに

横に切り込みを入れて
ティッシュケース入れに

ポンポンで作った耳で
ボリュームアップ

目をボタンに
してみよう！

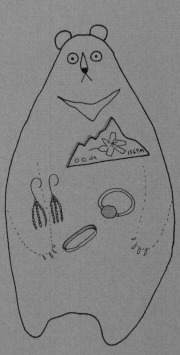

胸元の模様も
自由にアレンジ

のっそり立つくまを
何に使う？

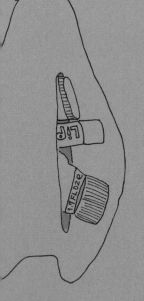

縦の切り込みなら
小物入れに

横に切り込みを入れて
メガネ入れに

何をのせる？
植物・鍵・アクセサリー・
ピンクッション……

裏面に切り込みを入れて
小物入れに

フォトフレームにするには
さらに表面を四角く切り抜きます

どこを切る？

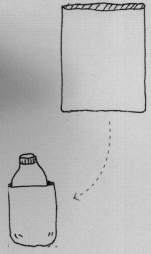

縦にして上部を切り、
丸い底に仕上げたら
ペットボトルカバーに

横にして上部を切って
舟形のかごに

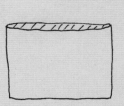

ねこ

「きほんのねこ」のほかに、
シンプルなペンケースや
ポシェットなどが作れます。

きほんのねこ

作り方 ☞ ＝P.49,66

三毛ねこやしっぽにボリュームがある
黒ねこなど個性あふれるねこがいっぱい。
顔の刺しゅうやしっぽ、模様などを
自分なりに工夫して作ってみましょう。

裏面の中心に横向きに切り込みを入れたら、ティッシュケースに
なります。切り込みを中心から少し上にずらせば小物入れに。

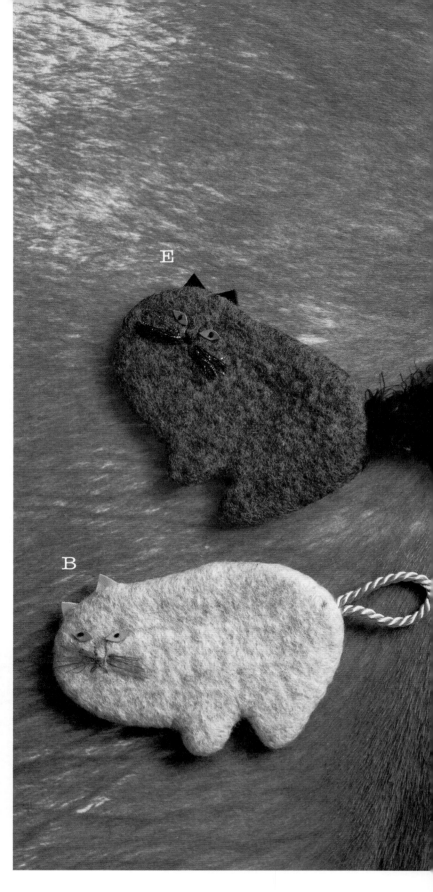

E

B

ねこのペンケース

作り方 ☞ P.68

耳の形がわずかに違うペンケース2種。ペンのほかに、
メガネやかぎ針などの長いものを収納できます。

裏面の上部に横に切り込み
を入れて袋状にしています。

A

B

ミニポーチ

作り方 ☞ P.68

バッグの中を整理するのにぴったりのミニポーチ。リップクリームやイヤホンなど、
バッグの中で散らばりがちな小さなものを入れましょう。

背伸びねこ

作り方 ☞ P.70

二本の足ですっくと立ち上がったねこ。手は刺しゅうで表現しています。
裏面は切り込みを縦に入れたり、横に入れたりとお好みでポーチに仕立てましょう。

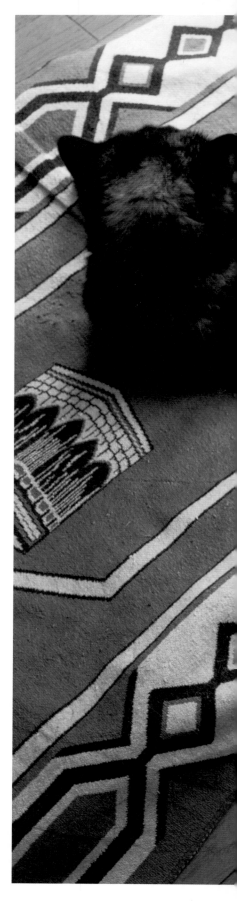

ねこを作ると……

「モデルは飼い猫さんですか?」と、
作家のイワタさんはよく聞かれるそうです。
ご自分では気がつかないけれど、
好きな顔だからなのか、よく見ているからか、
どことなく似てしまうのかもしれませんね。

A

B

キーケース

作り方 ☞ P.72

ねこやくまの中に鍵を収納できるキーケース。
スペアキーやロッカーなどの鍵の保管用として壁にかけておいても。

ポシェットとポーチ

作り方 ☞ P.72

耳にひもを付けた横長のねこのポシェット。
ひもを付けずにファスナーやループとボタンを付ければ大型のポーチになります。

とり

暮らしにとけ込む
シンプルなフォルムのとり。
テーブルの上で活躍したり、
部屋のインテリアとしても。

ミニバスケット

作り方 ☞ P.74

とりの背中に温かい飲み物を入れたカップを
すっぽり入れて、保温カバーに。
シュガーやティーバッグなどの
小物入れとしても使えます。

A

16

B

C

とりのミニマット

作り方 ☞ P.76

とりが羽を広げた形の敷物。
コースターや花瓶敷き、なべ敷きなど何にでも使えます。

とりのモビール

作り方 ☞ P.76

左ページのとりにテグスを付けて窓際に吊るしてみました。
ゆらゆら揺れて心が癒やされます。

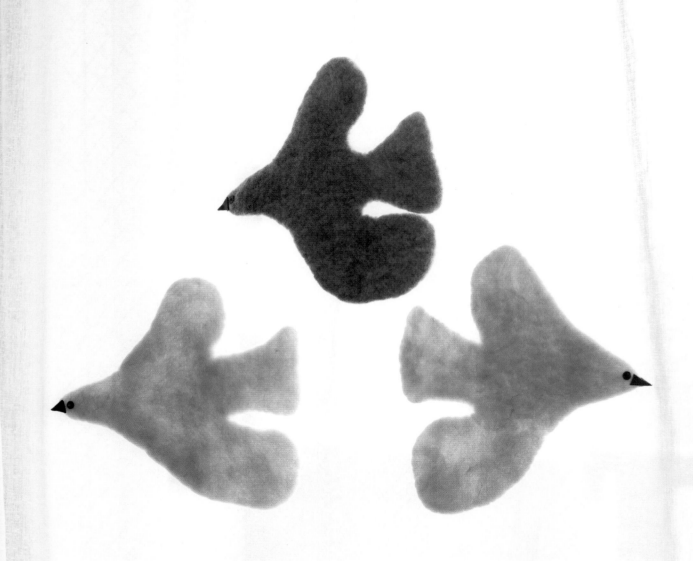

とりの立体モビール

作り方☞P.78

大きいサイズのとりのモビールは、天井近くに吊るしてインパクトのあるインテリアに。
中には手芸わたを入れてふっくら仕上げました。

グラスホルダー

作り方 ☞ P.74

上下に切り込みを入れて筒にしたホルダー。
お気に入りのグラスやカップに合わせて作りましょう。

ランチョンマット

作り方 ☞ P.76

丸いフォルムがかわいいランチョンマット。
ちょっとしたお菓子と飲み物をのせるおやつマットとしても使えます。

とりのブローチ

作り方☞P.80

市販のフェルトをとりの形に切って、羊毛で目や羽をフェルティングニードルで
刺しつけたブローチ。模様は刺しゅう糸でステッチします。

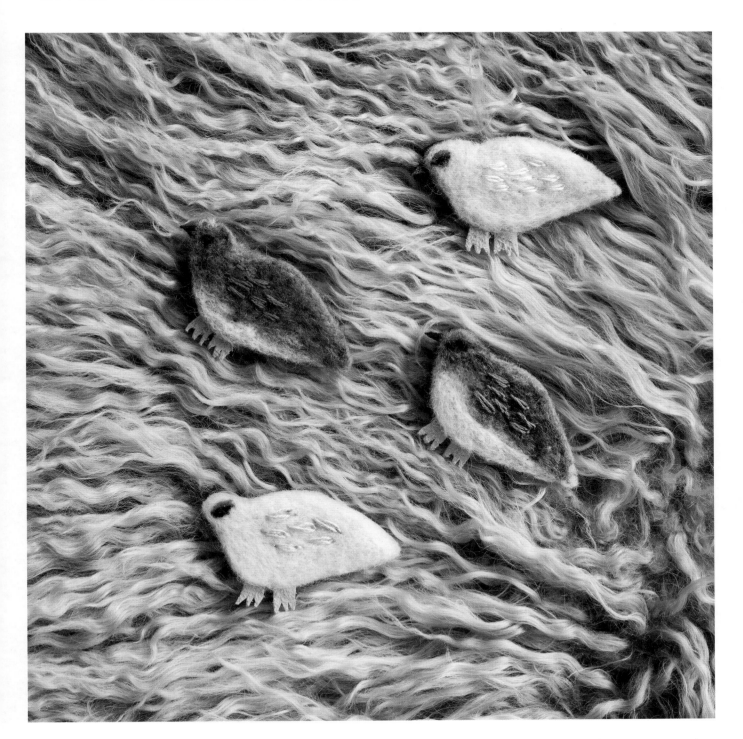

くま

二本の足で立っているくまや、
P.8の「きほんのねこ」と
同じ形のくま。
くまが住む森の「森の住人」も
ご紹介します。

くまの
コースターと
ポーチ
作り方 ☞ P.82

同じ形で大きさ違いのくまがたくさん。
コースターは1種類の羊毛から作り、
ポーチにするときは
さらに内側の羊毛も用意します。

袋物として作る場合は、入れたいものに合わせ
て切り込みを縦に入れたり横に入れたりしましょ
う。入れ口は革ボタンとループで留めるほか、ファ
スナーを付けるのも簡単です。

敷物用に作ったくまの使いみちはいろいろです。植
物を置いてリビングに。玄関では鍵置きに、キッチン
ではコースターとして、アトリエでは針刺しやはさみ
置きに。家中で大活躍のくまです。

くまのポーチ

作り方 ☞ P.84

「きほんのねこ」(☞P.8) と同じ形のポーチ。オリジナルの糸巻きボタン (☞P.62) の
カラフルな目にもご注目。角カンのしっぽはバッグに取り付けることもできて便利。

コアラのポーチ

作り方 ☞ P.84

左ページのくまを縦にしたら、ユーカリの木につかまっているコアラになります。
首もとは毛糸をほぐしてフェルティングニードルで刺しつけます。

くまのミニミニポーチ

作り方 ☞ P.86

リップクリームやアトマイザーなどの身だしなみグッズを入れておきたいポーチ。
大きさは2種類あり、旅行用にも便利です。

A

B

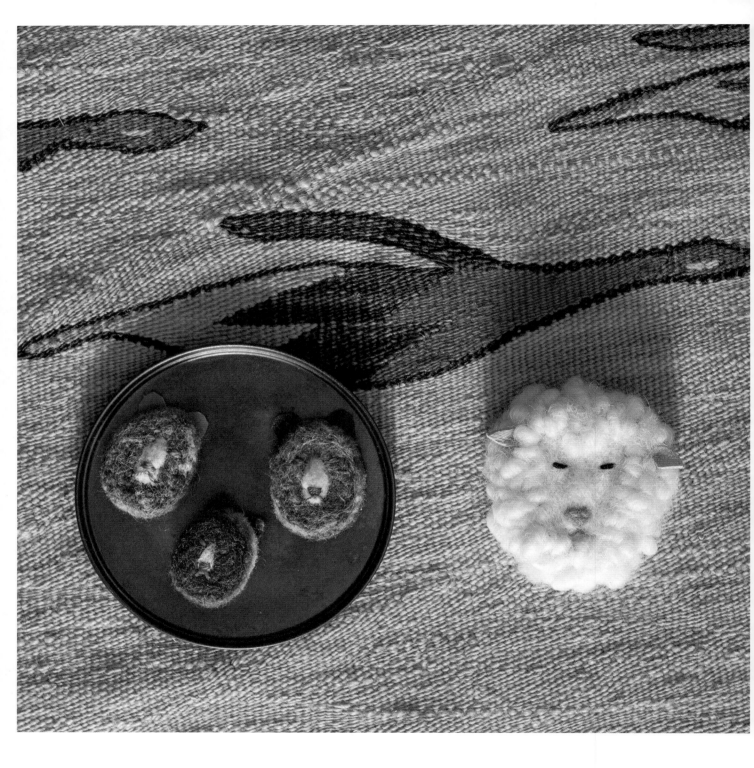

ひつじとくまのブローチ

作り方 ☞ P.81

ひつじの顔は羊毛をフェルティングニードルで刺しつけて、周囲の毛はフッキングの
手法で作ります。くまはカットしたときに出る、余ったフェルトを再利用します。

人形

作り方 ☞ P.88

不思議なヘアスタイルの人形は、頭のみを羊毛を縮絨させる方法で作ります。
体はウールの布で作り、頭とつなげます。

森 の 住 人

作り方 ☞ P.88

木の中にひっそり住んでいそうなユーモラスな森の住人。
ポーチなどと同じ作り方で、切り込みから手芸わたを入れてとじます。
写真のようにメモホルダーとしても使えます。

顔は羊毛を縮絨させた後で、フェルティングニードルで刺しつける方法でも作れます。目は穴あけパンチで革を丸く切り取り、フレンチノットステッチで付けます。お好みで市販のカラフルなボンテンを頭に付けてみても……。

35

○ まる △ さんかく □ しかく

丸いバスケットや、
三角形のコースター、
四角いフォトフレームなど、
シンプルで実用的な小物がたくさん。

ミニ植物かご

作り方 ☞ P.90

何でも入る小物入れとして大活躍。
円形のベースの中心を丸く切り抜き、
羊毛の内側に手を入れて縮絨しながら
立体にしていく手法で作ります。

ポットコジー

作り方 ☞ P.56,90

身近にあるいろいろな容器のカバーを羊毛で作りましょう。容器を型として
羊毛の中に入れて縮絨することでぴったりサイズのカバーが作れます。

山のミニマットとコースター

作り方 ☞ P.92

とんがり山が3つのミニマットと、三角が1つのコースター。
ミニマットは大きめの器で飲むカフェオレ用のコースターにも。

シリアルや小さめのパンをのせてみたら、
まるで山小屋での朝食みたい。

三角のブローチ 作り方☞P.80

作品を作る際に切り取った、縮絨済みのフェルトを再利用して
ブローチにしました。ブローチピンの代わりに
マグネットを接着するとマグネットボタンになります。

四角いフォトフレーム

作り方 ☞ P.44

色鮮やかなフォトフレームは、そのままでも絵になります。
四角い袋状のものを作り、窓部分を切り抜きます。
切り抜いて余ったフェルトはブローチなどに（☞P.39）。

左ページの写真のフォトフレームは、裏
側の切り込みから写真を入れます。裏
側の状態でポストカードなどを差し込
んでレターラックとして使っても。

HOW TO MAKE
必要な道具

羊毛フェルト作りに必要な基本の道具です。

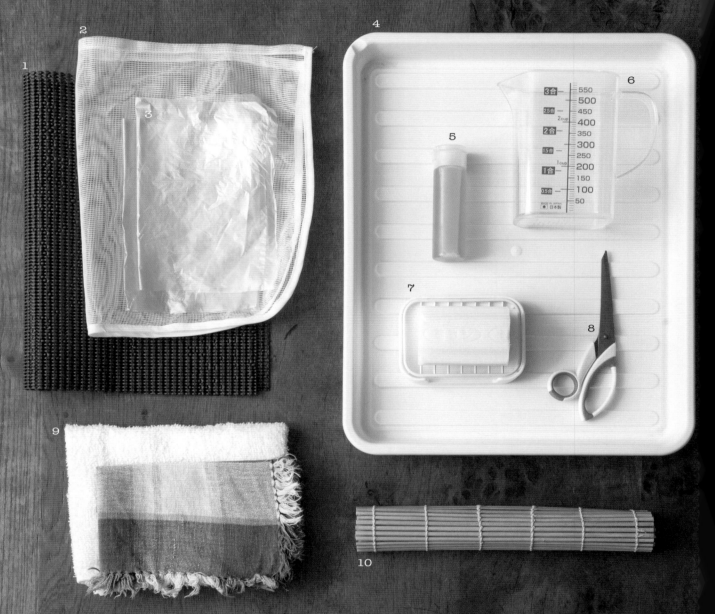

1 滑り止めシート…ラグマットなどの下に敷くメッシュ状のシート。トレイの下に敷きます。 2 洗濯ネット…はさみで切り開いたものを羊毛をこするときに使います。 3 ポリ袋…手にはめて羊毛をこすります。 4 トレイ…この上で作業をします。 5 洗剤…食器用洗剤。 6 耐熱の計量カップ…お湯を入れられる容器なら何でもOK。 7 固形石けん…食器用洗剤だけでは足りないときに使います。 8 裁ちばさみ…フェルトに切り込みを入れるときに使用。 9 タオル・ふきん…水濡れを拭いたり、最後に水けを取るときに使います。まきすと同じように縮絨にも使えます。 10 まきす…フェルトをさらに縮絨させるときに使用。

主な材料とあると便利な道具

メインとなる材料のほか、作る作品によって使う道具です。

1 牛乳パック…基本の作品の型紙として使用します。 2 気泡緩衝材…プチプチつぶせる梱包材も型紙として使います。 3 羊毛…羊の原毛。羊の種類によって風合いが違います。 4 革ひも…ボタンを留めるループやポシェットのひも用です。 5 角カン・丸カン…作品を吊り下げて使うときの金具。 6 革…動物モチーフなどの目や耳に使用。 7 刺しゅう糸…動物モチーフの口や鼻などの刺しゅう用。 8 フェルティングニードル…羊毛の模様を刺しつけたり、補修にも使います。 9 目打ち…目用の革やフェルトに穴をあけるときに使用。 10 糸切りばさみ…糸を切るときに使います。 11 クラフトばさみ…型紙を切ったり、革や革ひもも裁断できます。

四角いフォトフレームの作り方 実物大型紙 ☞ P.94

まずはシンプルな形からスタート！ 基本の縮絨の方法を紹介します。

材料

羊毛…表用（緑）7g×2、内側用（黄緑）7g×2

牛乳パック（1リットル用）…1枚

洗剤入りのお湯…適量

作り方

1 型紙の上に羊毛をちぎって少量ずつ広げ、表用と内側用の各2ブロック分を用意する。

2 1ブロックずつに洗剤入りのお湯をかけ、型紙を羊毛で表用→内側用の順にくるむ。

3 表面が縮絨するまで手でこする。

4 入れ口に切り込みを入れ、型紙を取り出し、表に返す。

5 できあがりサイズになるまで縮絨し、フレームの窓部分を切り抜く。

6 切り口をこすり、流水ですすいで形を整えて乾かす。

7 ひもを付ける。

POINT 　　　　　　　　　　　洗剤入りのお湯の作り方

500〜600mlの40度くらいのお湯に小さじ1/4程度の台所用洗剤を入れるのが目安です。洗剤の種類によって調整しましょう。

型紙 を 羊毛 で くるむ

1 牛乳パックははさみで切り開いて洗って乾かしておき、フォトフレームの実物大型紙(☞P.94)を写します。

2 型紙の外枠をはさみで切ります。

3 トレイの下に滑り止めシートを敷きます。

4 表用の羊毛7g分を量り、手で薄くちぎりながらトレイの上の型紙に重ねます。まず縦方向に重ねます。

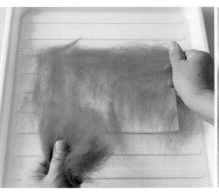

5 次に横方向に重ねます。親指を手前にしてなるべく薄く羊毛を取りながら、縦と横に交互に重ねます。

6 7g全部を重ねたところ。このままそっと羊毛のかたまりをよけておき、残りの表用の7g分を同様に重ねます。

7 内側用の黄緑も同じように7g分を2ブロック分重ねます。合計で4ブロックの羊毛のかたまりができました。

8 型紙の上に表用の1ブロック分の羊毛を置き、洗濯ネットを重ねます。上から洗剤入りのお湯をかけます。

9 ポリ袋を手にはめて洗濯ネットの上から軽く押さえながら、洗剤を全体に行き渡らせます。

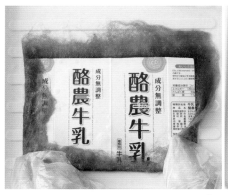

10 洗濯ネットを外して羊毛と型紙を裏返し、型紙に沿って四辺を折り込みます。

11 残りの表用の羊毛1ブロック分をのせます。

12 洗濯ネットを重ねて上から軽く押さえながら、洗剤を全体に行き渡らせます。

内側用の羊毛を重ねる

13 洗濯ネットを外し、裏返して四辺を折り込みます。四隅の折り方は下記 POINT 参照。

14 内側用の羊毛1ブロックをのせて、表と同様に洗濯ネットを重ねて洗剤入りのお湯をかけて全体に行き渡らせます。

15 洗濯ネットを外して裏返し、表に沿って周囲を折り込みます。

POINT　　　　　　　　　　　四隅の折り方

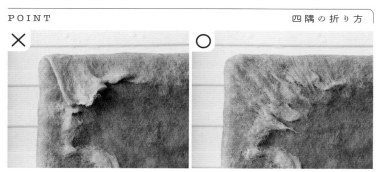

紙を折るようにたたむと段差ができてしまうので、均一の厚さになるように自然になめらかにのばしながら折ります。

16 残りの内側用の羊毛1ブロック分をのせて洗剤を全体に行き渡らせ、15と同様に裏返して四辺を折り込みます。

17 ポリ袋をはめた手でこすり、表面が
フェルト化してきたら、洗濯ネットを
外してさらにこすります。

台所用洗剤だけでは摩擦が強すぎると感じ
たときは、固形石けんを手にこすりつけてから
こすってみましょう。

表面を指でつまんでみて繊維がバラバラに
なる（写真左）ようなら縮絨が足りません。つま
めなくなるまで（写真右）続けます。

型紙 を 取り出す

18 表面の繊維がからまってなめらかに
なったら、型紙を取り出します。切り
込み位置にはさみで穴をあけます。

19 穴をあけたところからはさみを入れ
て切ります。切り込みはあとで広げ
られるので控えめに！

20 ポリ袋をはめた手で切り口をこすっ
てなめらかにします。

21 型紙を取り出し、切り口から表に返
します。

22 四隅に指を入れてしっかりと角を出
します。表面はまだ縮絨が必要なの
でさらに手でこすります。

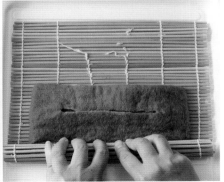

23 さらに手でもんだり丸めたりします。
まきすを使ってギュッと丸め、力を
加えて転がします。

24 縦と横を交互にまきすで丸めて、均等に縮絨させましょう。

25 指でつまんで持ち上がるくらいが、十分に縮絨できたかの目安です。

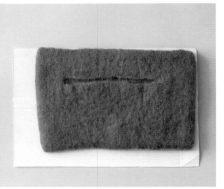

26 実物大型紙のできあがりサイズと同じくらいになったら縮絨は完成です。

27 フォトフレームの窓部分を切り抜きます。牛乳パックで作った型紙を使って四隅にはさみで穴をあけます。

28 あけた穴を目安にして、糸切りばさみなどの刃先がとがったはさみで切り込みを入れます。

29 切り込みからクラフトばさみを入れて窓を切ります。下のフェルトを切らないように注意しましょう。

30 切り口に石けんを塗って指でこすり、なめらかにします。

31 水洗いをして洗剤を落とし、タオルで水けを取り、形を整えます。

自然乾燥してできあがり！
好みでひもを付けましょう。

きほんのねこＡの作り方

実物大型紙 ☞ P.66

ねこ、くま、とりなどの基本の作り方を解説します。

材料

羊毛…表用6g×2、内側用6g×2

目・耳用革、鼻・ひげ用刺しゅう糸…各適量

しっぽ用コード…15cm

牛乳パック（1リットル用）…1枚

洗剤入りのお湯、多用途接着剤…各適量

作り方

1 型紙の上に羊毛をちぎって少量ずつ広げ、表用と内側用の各2ブロック分を用意する。

2 1ブロックずつに洗剤入りのお湯をかけ、型紙を羊毛で表用→内側用の順にくるむ。

3 表面が縮絨するまで手でこする。

4 できあがりと同じ向きにして切り込みを入れ、型紙を取り出し、表に返す。

5 できあがりサイズになるまで縮絨し、すすいで乾かす。

6 顔を刺しゅうして耳としっぽを付ける。

POINT　　　　　　　　　　　洗剤入りのお湯の作り方

500〜600mlの40度くらいのお湯に小さじ1/4程度の台所用洗剤を入れるのが目安です。洗剤の種類によって調整しましょう。

型紙 を 羊毛 でくるむ

1 牛乳パックははさみで切り開いて洗って乾かしておき、ねこの実物大型紙（☞P.67）を写します。

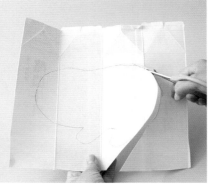

2 型紙の外枠をはさみで切ります。

3 P.45の3〜7と同様に羊毛を表用6g×2、内側用6g×2用意し、型紙に表用の1ブロックをのせます。

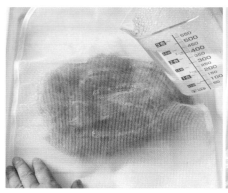

4 洗濯ネットを重ね、上から洗剤入りのお湯をかけます。

5 ポリ袋を手にはめて軽く押さえながら、洗剤を全体に行き渡らせます。

6 羊毛と型紙を裏返し、へこんだ角にはさみで切り込みを入れます。

7 周囲の余分な羊毛を裏側に折り込みます。

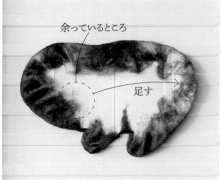

余っているところ

足す

8 周囲をすべて折り込んだところ。足りないところは、余っているところの羊毛をちぎって足します。

9 表用の原毛の1ブロックをのせて、上から軽く押さえながら、洗剤を全体に行き渡らせます。

10 裏返し、へこんだ角にはさみで切り込みを入れます。

11 周囲の余分な羊毛を裏側に折り込みます。折り込み方は(☞P.46 POINT参照)。

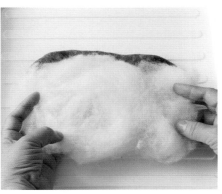

12 内側用の羊毛をのせて、表と同様に洗剤入りのお湯をかけて全体に行き渡らせます。

13 裏返して、へこんだ角に切り込みを入れて折り込みます。

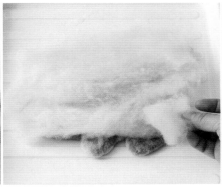

14 内側用の羊毛をのせて洗剤入りのお湯をかけます。足にもバランスよく羊毛をのせます。

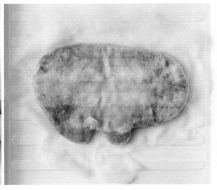

15 裏返します。へこんだ角には切り込みを入れて裏側に折り返します。

16 洗濯ネットの上からねこの背中のカーブや、足と足の間のへこみに手を滑らせるようにして形作ります。

17 洗濯ネットを外し、さらに表面をこすって縮絨させます。表面を指でつまみ、持ち上げられるまでこすります。

18 表面の繊維がしっかりからまり、なめらかになったら、はさみで切り込を入れます。切り込みは控えめに!

19 切り口を手でこすってなめらかにします。

20 型紙を取り出します。型紙の端を折りながら取り出すと簡単です。

21 切り口から表に返します。

22 飛び出ている部分のすみずみにまで指を入れて、しっかりと形を整えます。

23 表側はまだ縮絨が必要なので、ポリ袋をはめた手でさらにこすります。

24 へこんでいるカーブも指でなでつけるようにして形を整えます。

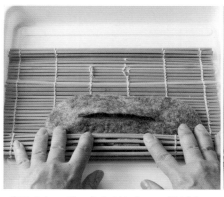

25 さらに手でもんだり丸めて縮絨させます。まきすを使ってギュッと丸め、力を加えて転がします。

26 縦と横を交互にまきすで丸めましょう。実物大型紙（☞P.66）にあるできあがりサイズになるまで縮絨します。

流水ですすいで乾かしたら

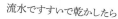

ねこの形ができました！

52

顔を刺しゅうして耳を付ける

27 革の裏側に油性ペンかフェルトペンで目を描きます。実物大型紙（☞P.67）を参考に描いてみましょう。

28 縫い代なしの裁ち切りで目をはさみでカットします。

29 目の中央に目打ちで穴をあけます。雑誌や木の台などの上で作業をしましょう。

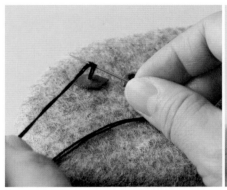

30 2本どりのフレンチノットステッチで目をとめます。革の裏側から針を入れ、糸を2回巻きつけます。

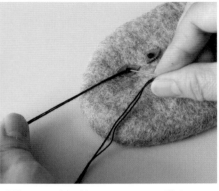

31 目の穴に針を入れてから巻きつけた糸を針先にずらし、針を抜きます。

POINT

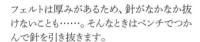

フェルトは厚みがあるため、針がなかなか抜けないことも……。そんなときはペンチでつかんで針を引き抜きます。

32 鼻と口元を刺しゅうします。ペンで図案を描きます。ここでは熱で消えるペンを使っています。

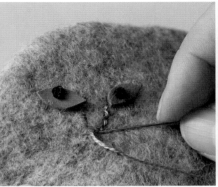

33 鼻の上は1針進んだら1針戻るバックステッチで刺します。

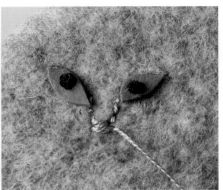

34 鼻はサテンステッチで刺します。

35 口元をバックステッチで刺し、顔の
　 できあがり！

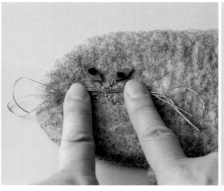

36 ひげを作ります。できあがりのひげ
　 の長さよりも2㎝ほど長めに糸を束
　 ねます。

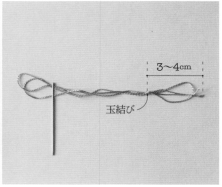

37 刺しゅう針に糸を通します。片側だ
　 け先に玉結びをしておきます。

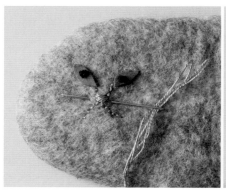

38 ひげの位置に針を刺します。裏側ま
　 で通らないように表側だけをすくい
　 ます。

39 糸が出ているところでひと結びして、
　 糸のループを切ります。

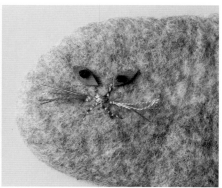

40 ひげが完成しました。糸の本数や長
　 さは自由に！

41 耳はのりしろを入れて裁ちます。濃
　 い色の革を使う場合、銀の色鉛筆
　 で描くと見やすいのでおすすめです。

42 耳の位置にはさみで切り込みを入
　 れます。先がとがった糸切りばさみ
　 で縦方向に入れます。

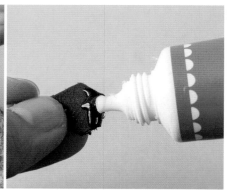

43 革が接着できる多用途接着剤をの
　 りしろに塗ります。

44 切り込みに耳を差し込み、乾かします。

45 耳と同様にはさみでしっぽの位置に切り込みを入れます。切り込みはあとで広げられるので最初は小さめに入れましょう。

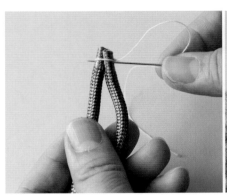

46 好きなコードをカットして二つ折りにし、根もとを糸でかがっておきます。

47 接着剤を付けて切り込みに差し込み、乾かします。

できあがり！

POINT　　　　　　　　　　　　　　　　　　　　　　羊毛を混ぜて好きな色を作る

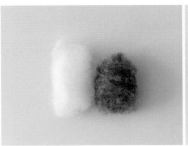

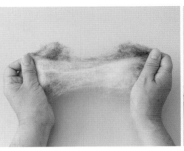

1 混ぜ合わせたい羊毛を用意します。白は混ぜ合わせることで淡い色を作れるので便利です。

2 2色を薄くとって手に持ち、粘土を混ぜるように混ぜ合わせます。

3 縦と横に均等に混ぜ合わせることで、好きな色を作ることができます。

カップ麺ホルダーの作り方

実物大型紙 ☞ P.95

カップ麺のほか、家にあるいろいろな器のホルダーがこの方法で作れます。

材料

羊毛…表用7g×2、内側用6g×2

牛乳パック（1リットル用）…1枚

洗剤入りのお湯…適量

作り方

1 型紙の上に羊毛を1ブロックずつ広げ、表用と内側用の各2ブロック分を用意する。

2 1ブロックずつに洗剤入りのお湯をかけ、型紙を羊毛で表用→内側用の順にくるむ。

3 表面が縮絨するまで手でこする。

4 上部に切り込みを入れて型紙を取り出す。

5 できあがりサイズになるまで、カップ麺を出し入れしながら縮絨し、上部の凸凹を切り揃える。流水ですすいで乾かす。

POINT 　　　　　　　　　　洗剤入りのお湯の作り方
500〜600mlの40度くらいのお湯に小さじ1/4程度の台所用洗剤を入れるのが目安です。洗剤の種類によって調整しましょう。

型紙を羊毛でくるむ

1 器を用意します。ここではカップ麺を使います。お湯がかかるのでポリ袋に入れておきます。

2 羊毛を用意します。ナチュラルな色も味わいがありますが、鮮やかに染色された羊毛も魅力的です。

3 型紙を作り、羊毛7g分を量り、手で薄くちぎりながら型紙の上に重ねます。まずは縦方向に重ねます。

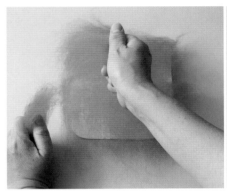

4 横方向に重ねます。親指を手前にしてなるべく薄く羊毛を取りながら、縦と横に交互に重ねます。

5 内側用の羊毛6gも同様に薄く羊毛をちぎりながら、縦と横に交互に重ねます。

6 表用の7g×2と、内側用の6g×2の合計4ブロックの羊毛のかたまりができました。

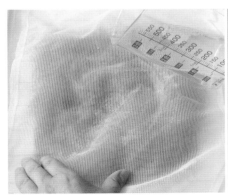

7 型紙の上に表用の1ブロック分の羊毛を置き、洗濯ネットを重ねます。上から洗剤入りのお湯をかけます。

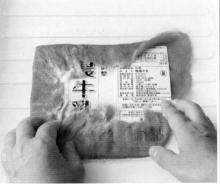

8 羊毛を軽く押さえながら、洗剤を全体に行き渡らせるようにし、裏返して周囲を折り込みます。

9 残っている表用の羊毛の1ブロックをのせて洗剤入りのお湯をかけ、裏返して周囲を折り込みます。

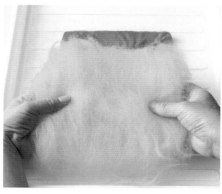

10 内側用の羊毛をのせて、表と同様に洗剤入りのお湯をかけて全体に行き渡らせます。

11 裏返して、周囲を折り込みます。折り込み方は(☞P.46 POINT 参照)

12 残った内側用の羊毛をのせます。洗剤が足りない場合は、固形石けんを直接塗りつけてもOK！

13 洗剤入りのお湯をかけて洗濯ネットの上から押さえ、洗剤を全体に行き渡らせます。

14 裏返して、周囲を折り込みます。

15 ポリ袋を手にはめて表と裏を返しながらこすり、表面の繊維がからまるように縮絨します。

16 洗濯ネットを外し、さらにこすって表面がなめらかになるまで縮絨します。

17 表面を指でつまんでみて、持ち上がるようになるまで続けましょう。

18 上部のきわをはさみでカットします。

19 はさみを縦に入れ、型紙の取り出し口を作ります。

20 取り出し口をポリ袋をはめた手でこすってなめらかにします。

21 型紙を取り出します。

22 取り出し口から表に返します。

23 表側はもう少し縮絨が必要なので、さらにポリ袋をはめた手でこすります。

24 ここで底を丸くするために、両脇の折り山を中央にしてマチを作るように折りたたみ、さらに縮絨します。

25 こぶしを握って中に入れ、底のマチが平らになるように両手でこすり合わせながら縮絨します。

26 中に入れる器を入れてみます。まだ余裕があるので、このゆとり分を縮絨してぴったりに仕上げます。

27 器を入れたまま逆さまにして、両手で底を強めになでて形作ります。

28 底はだいぶ形ができてきました。縦方向が少しだぶついているので、さらに縮絨を続けます。

29 だいぶぴったり納まるサイズになってきました。

30 上から見たところです。横方向にまだ少しゆとりがあります。

31 まきすを使ってギュッと丸め、力を加えて転がして縮絨させます。縦横を縮めましょう。

32 中に入れる器をときどき当てながらぴったりになるまで縮絨を続けます。ようやくちょうどよいサイズに！

33 上部の凸凹をはさみできれいにカットします。

34 洗剤を入れたお湯をかけて手のひらでなでつけ、切り口をなめらかにします。

35 切り口をたたんだ状態でなでつける方法でもOKです。

流水ですすいで乾かしたら

できあがり！

糸巻きボタンで遊ぼう！

P.28「くまのポーチ」で使用した、リングに糸を巻いて作るオリジナルのボタンです。
いくつか組み合わせてアクセサリーに仕立てるのもGOOD！

糸巻きボタンの作り方

プラスチックリングに糸を巻くだけでできる、何ともかわいい手作りボタン。
身近な材料でできるので、挑戦してみましょう！

材料はたったこれだけ！

材料は、糸とリングがあればOKです。
糸はボタン付けやタッセル作りに使う
手縫い糸や、太めの刺しゅう糸を
使いましょう。

1 刺しゅう糸…1本どりで使うなら5番くらいの太さの糸。 2 手縫い糸…刺しゅうやボタン付け、タッセル作りなどに使う糸。3 リング…ここでは1〜2cmのプラスチックリングを使用。金属製の丸カンでもよい。

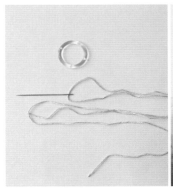

1 プラスチックリングと糸と針を用意します。針に通した糸は玉結びはしません。

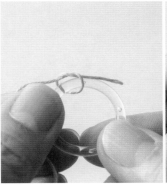

2 リングに糸端をひと結びします。

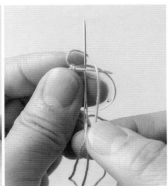

3 リングに針を通し、長いほうの糸を針にかけます。短いほうの糸はリングに沿わせておきます。

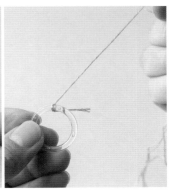

4 針を抜き、糸を引き締めます。これを繰り返して左から右に進みます。ボタンホールステッチの要領です。

5 左から右に進めていくと、短いほうの糸は自然に糸の中に隠れます。

6 一周し、最初のステッチに糸をからめて糸始末をします。

7 糸をステッチのきわで切ります。

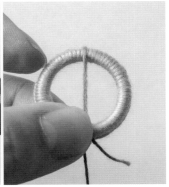

8 内側に渡す糸を用意し、リングに巻きつけます。

9 角度を少しずつ変えながら、糸を巻きつけていきます。

10 一周したところ。そのまま糸がゆるまないように指で押さえておきます。

11 巻きつけ終わりの対角線上にある三角形のスペースに針を入れます。

12 反対側から針を出して糸を引き、中心を引き締めます。ここから放射状に渡った糸にバックステッチをします。

13 糸はリングの向こう側の糸も含めて2本同時に、バックステッチでかがっていきます。

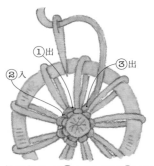

針が出ている①から1本左②に針を入れ、2本右③から出します。これを繰り返して右回りにバックステッチをします。

14 巻き始めの糸も一緒にかがって始末をします。2〜3周ほど糸がなくなるまでかがります。

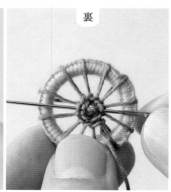

15 糸がなくなったら裏側の中心に針を通して糸始末をします。

16 糸をきわで切ります。巻き始めの糸もきわで切ります。

17 次の糸を用意し、玉結びをせずに裏側の中心のステッチをすくってスタートします。

18 1本左に針を出し、2本右に出すを繰り返して、同様にバックステッチで放射状の糸をかがります。

19 何色か糸を替え、すき間がなくなるまで繰り返します。

作り方と型紙

作り方のPOINT

目や鼻などの位置やステッチは、自分好みで変えても構いません。糸も刺しゅう糸、絹糸、手縫い糸などと自由に選びましょう。

表と内側の色合わせも楽しめます。例えば表と内側を赤と白の2種類で作った場合、ピンクにはならず、繊維が混じり合い、微妙な色合いになります。

刺しゅうのステッチの刺し方は95ページにあります。

羊毛フェルトの Q&A

Q 型紙を取り出すタイミングはいつ？

A ポーチなどの袋状のものは牛乳パックを型紙に使った場合、これ以上は縮絨できないほど羊毛が型紙にぴったり密着したときに型紙を取り出します。マットやコースターは、縮絨する前に取り出します。

Q 洗濯ネットをのせるのはどうしてですか？

A 羊毛を直接こすると繊維が崩れてしまいます。最初はネットの上から間接的にこすり、しっかり繊維をからめます。

Q できあがり線と同じ形になりません。

A できあがりサイズと実物大型紙の中にあるできあがり線は、あくまでも目安です。つねに同じ形にならないのが、この羊毛フェルト作りのよさなので、オリジナルな形を楽しみましょう。

Q 製作にかかる時間はどのくらい？

A 小さなもので1時間半〜2時間くらいです。その中で縮絨にかかる時間は1時間〜1時間半ほど。途中で手を休めても大丈夫です。まったりと縮絨を楽しみましょう。

Q 羊毛を用意する際に、縦と横にちぎって並べるのはなぜですか？

A 市販の羊毛のほとんどは繊維を揃えたスライバーという状態になっています。それを縦と横にすることによって繊維がからみやすくなります。

きほんのねこ

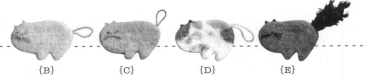

{B}　　　{C}　　　{D}　　　{E}

☞ P.8

[できあがりサイズ] 縦10.5×横16.5cm

材料（1点分）

羊毛…表用6g×2、内側用6g×2

　＊Dは上記以外に茶と黒…適量

目・耳用革、鼻・ひげ用刺しゅう糸…各適量

しっぽ用コード（Eは毛糸）…15cm

牛乳パック（1リットル用）…1枚

洗剤入りのお湯、多用途接着剤…各適量

POINT

・B、Cの作り方は、P.49のきほんのねこA（☞P.49〜55）と同じ。

・Dは模様をつけたい部分に少量の茶と黒の羊毛を型紙の上に置いておく。

・Eのしっぽは変わり毛糸を束ねてつける。

作り方

1 型紙の上に羊毛を1ブロックずつ広げ、表用と内側用の各2ブロック分を用意する。

2 1ブロックずつに洗剤入りのお湯をかけ、型紙を羊毛で表用→内側用の順にくるむ。

3 表面が縮絨するまで手でこする。（☞ここまではP.50〜51手順1〜17参照）

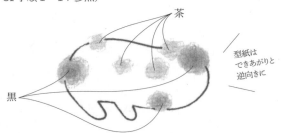

茶

黒

型紙はできあがりと逆向きに

Dは水で濡らした型紙の上に、模様の茶と黒の羊毛を置いておく

4 できあがりと同じ向きにして切り込みを入れ、型紙を取り出して表に返す。

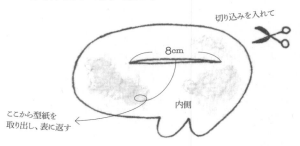

切り込みを入れて

8cm

ここから型紙を取り出し、表に返す

内側

5 できあがりサイズになるまで縮絨し、流水ですすいで乾かす。

16.5cm

表

10.5cm

6 目と耳としっぽをつけ、顔を刺しゅうする。

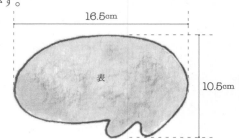

コードを二つ折りにして糸でかがり、切り込みに差し込んで接着剤で接着する

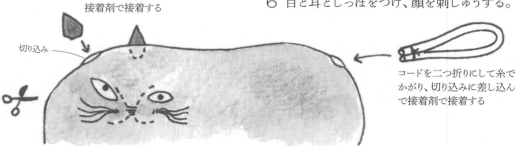

耳用革を差し込み、接着剤で接着する

切り込み

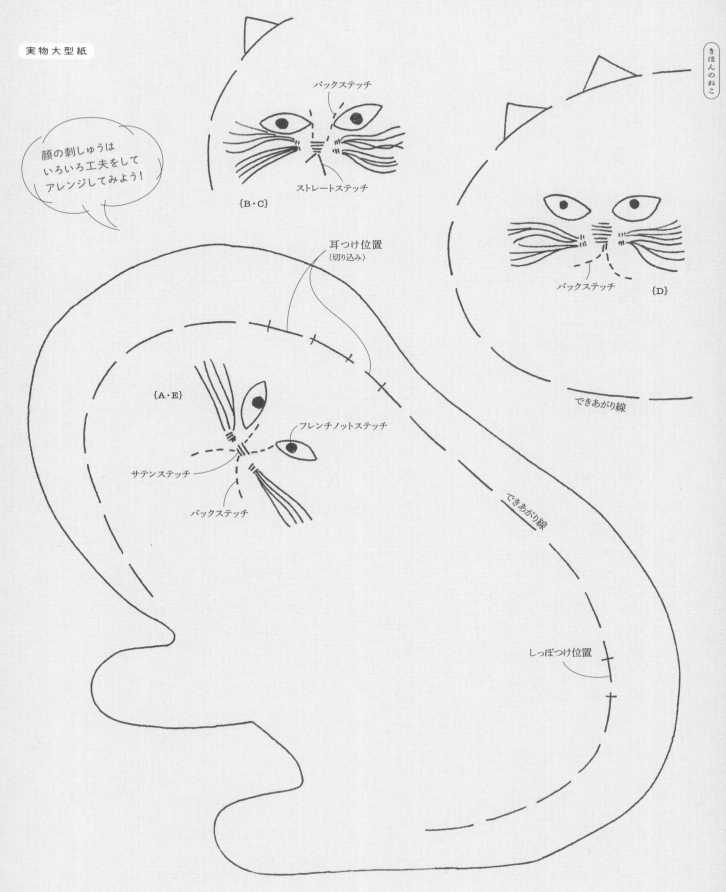

きほんのねこ

顔の刺しゅうは
いろいろ工夫をして
アレンジしてみよう!

バックステッチ

ストレートステッチ

{B・C}

バックステッチ

{D}

耳つけ位置
(切り込み)

できあがり線

{A・E}

フレンチノットステッチ

サテンステッチ

バックステッチ

できあがり線

しっぽつけ位置

ねこのペンケース｜ミニポーチ

☞ P.10,11

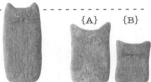

[ねこのペンケースA・B]　[ミニポーチ]

[できあがりサイズ] ねこのペンケース…縦19.5×横9cm、ミニポーチ…{A} 縦16×横10.5cm {B} 縦11.5×横9cm

材料（1点分）

[ねこのペンケース]

羊毛…7g×4

[ミニポーチ]

羊毛…{A} 表用6g×2、内側用5g×2
{B} 表用4g×2、内側用4g×2

[共通]

目用革、鼻・ひげ用刺しゅう糸（またはコード）
…各適量

牛乳パック（1リットル用）…1枚

洗剤入りのお湯、多用途接着剤…各適量

POINT

ねこのひげはコードを1本どりでつけてから先をほぐしてもよい。

作り方

1 型紙の上に羊毛を1ブロックずつ広げ、表用と内側用の各2ブロック分を用意する。

2 1ブロックずつに洗剤入りのお湯を掛け、型紙を羊毛で表用→内側用の順にくるむ。

3 表面が縮絨するまで手でこする。（☞ここまではP.50〜51手順1〜17参照）

4 切り込みを入れて型紙を取り出し、表に返す。

5 できあがりサイズになるまで縮絨し、すすいで乾かす。

6 目を付け、顔を刺しゅうする。

[ねこのペンケースA・B]　　　　[ミニポーチ]

5cm
内側

4cm
内側

内側

好みの向きで
切り込みを入れる

内側

4cm

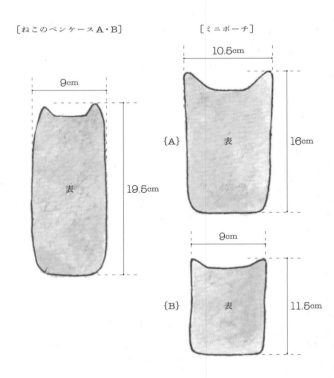

[ねこのペンケースA・B]

9cm
表
19.5cm

[ミニポーチ]

10.5cm
{A} 表
16cm

9cm
{B} 表
11.5cm

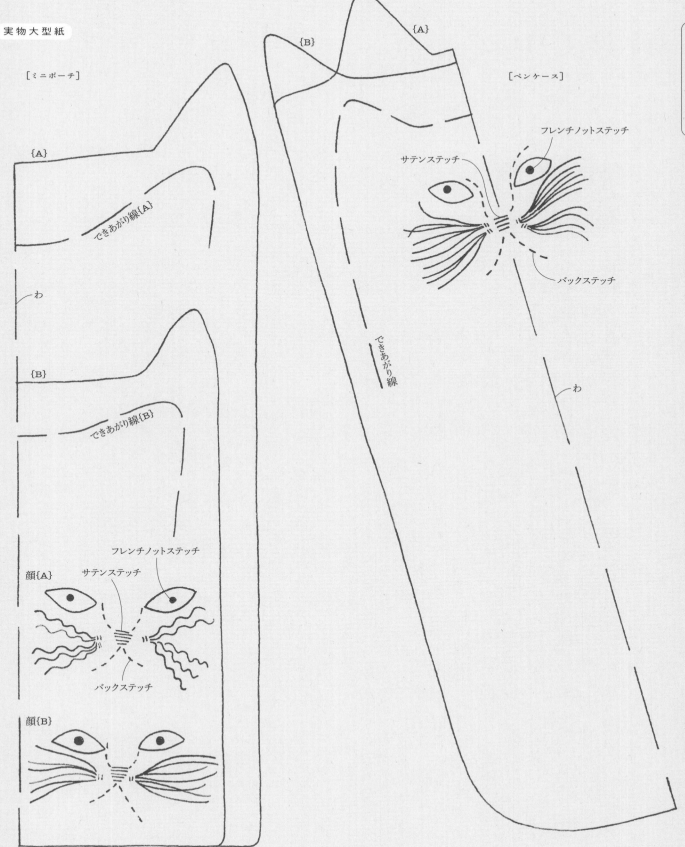

[ミニポーチ]

{A}

できあがり線{A}

わ

{B}

できあがり線{B}

フレンチノットステッチ

顔{A}

サテンステッチ

バックステッチ

顔{B}

[ペンケース]

{B}

{A}

サテンステッチ

フレンチノットステッチ

バックステッチ

できあがり線

わ

背伸びねこ

☞ P.12

[できあがりサイズ] 縦21×横11cm

[背伸びねこ A・B]

材料（1点分）

羊毛…表用7g×2、内側用6g×2

目・耳用革、鼻・ひげ用刺しゅう糸…各適量

牛乳パック（1リットル用）…1枚

洗剤入りのお湯、多用途接着剤…各適量

POINT

・手を刺しゅうするときは、裏に糸が通らないように表側だけをすくって刺しゅうする。

作り方

1 型紙の上に羊毛を1ブロックずつ広げ、表用と内側用の各2ブロック分を用意する。

2 1ブロックずつに洗剤入りのお湯を掛け、型紙を羊毛で表用→内側用の順にくるむ。

3 表面が縮絨するまで手でこする。（☞ここまではP.50〜51手順1〜17参照）

4 切り込みを入れて型紙を取り出し、表に返す。

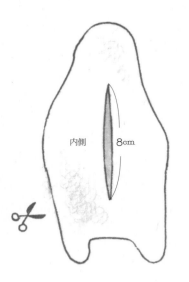

内側 8cm

6cm

内側

5 できあがりサイズになるまで縮絨し、すすいで乾かす。

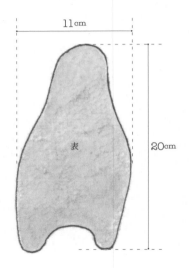

11cm

表

20cm

6 目と耳を付け、顔と手を刺しゅうする。

{A}

{B}

耳付け位置
（切り込み）

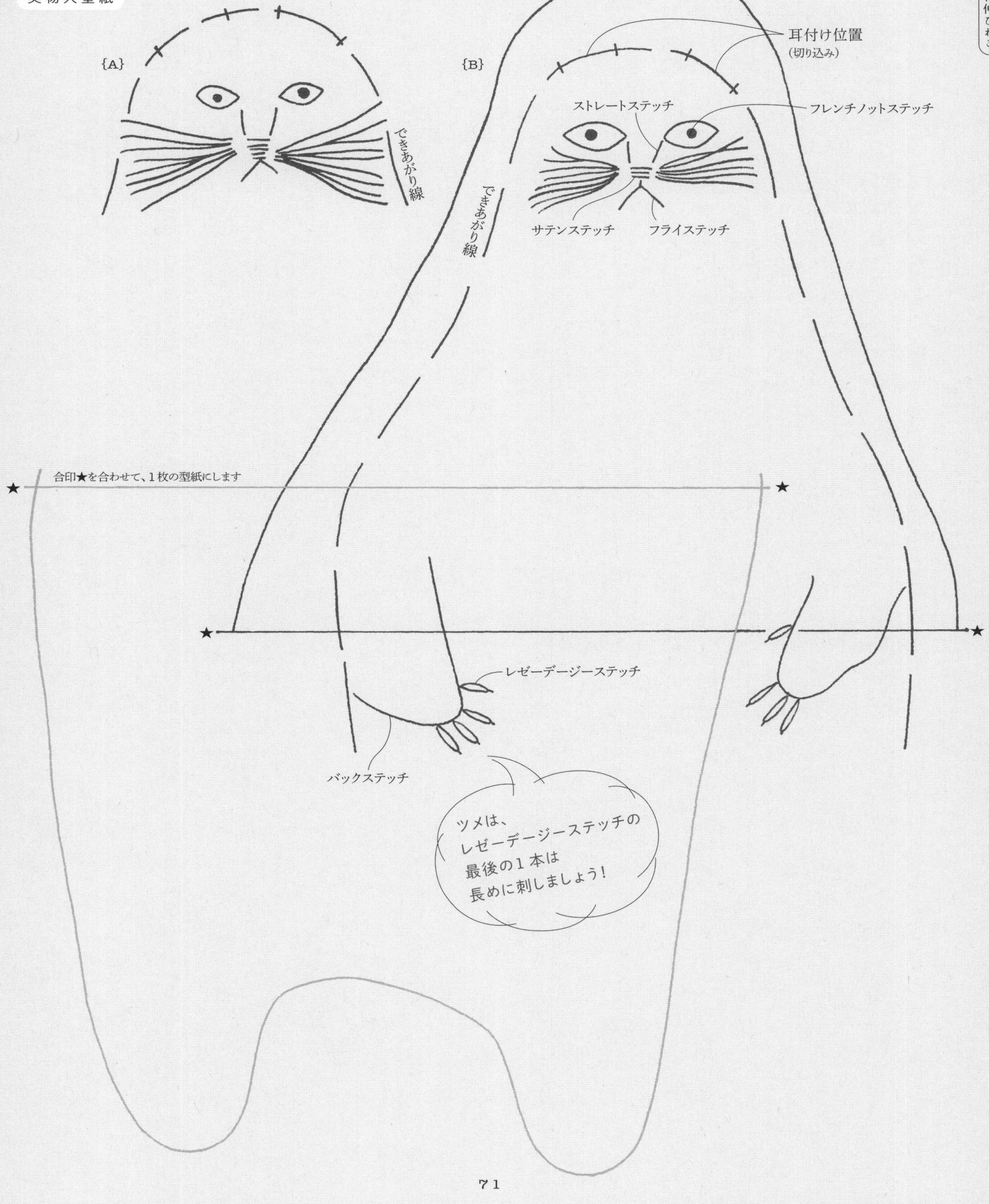

ストレートステッチ

フレンチノットステッチ

サテンステッチ

フライステッチ

できあがり線

できあがり線

合印★を合わせて、1枚の型紙にします

レゼーデージーステッチ

バックステッチ

ツメは、
レゼーデージーステッチの
最後の1本は
長めに刺しましょう！

キーケース｜ポシェット

☞ P.14,15

［できあがりサイズ］ キーケース…9×7cm、ポシェット…15×22cm

［キーケースA・B・C］　　［ポシェット］

材料（1点分）

［キーケース］

羊毛…3g×4　革ひも…30cm

目・耳用革…適量　直径2.5cm二重リング…1個

［ポシェット］

羊毛…10g×4

革ひも…150cm　目用革…適量

［共通］

鼻・ひげ用刺しゅう糸…各適量

牛乳パック（1リットル用）…1枚

洗剤入りのお湯、多用途接着剤…各適量

POINT

・キーケースCのひげは5番刺しゅう糸をつけてからほ
ぐす。

・ポシェットの目はビーズで付けてもよい。

作り方

1 型紙の上に羊毛を1ブロックずつ広げ、4ブロック
分を用意する。

2 1ブロックずつに洗剤入りのお湯をかけて型紙を羊
毛でくるむ。

3 表面が縮絨するまで手でこする。（☞ここまではP.50〜
51手順1〜17参照）

4 切り込みを入れて型紙を取り出し、表に返す。

［キーケース］

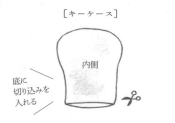

内側

底に
切り込みを
入れる

［ポシェット］

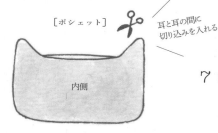

内側

耳と耳の間に
切り込みを入れる

5 できあがりサイズになるまで縮絨し、すすいで乾かす。

7cm

表

9cm

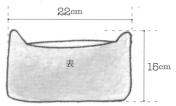

22cm

表

15cm

6 革ひもを通す穴を開けて、二重リングを通した革ひ
もをセットする。切り込みを入れて耳を接着剤でつ
ける［キーケース］。

ひと結び

革ひも

耳

二重リング

7 顔を作る。Bのくまの鼻は羊毛をフェルティングニー
ドルで刺しつける［キーケース］。目鼻を刺しゅうする［ポ
シェット ］。

［キーケース］

くまの鼻は羊毛フェルトを
フェルティングニードルで
刺しつける

｛C｝　顔を刺しゅうする

［ポシェット］

鼻とひげは糸を束ねて中心を結び、
縫いつけてもよい

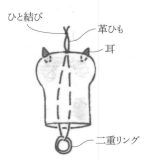

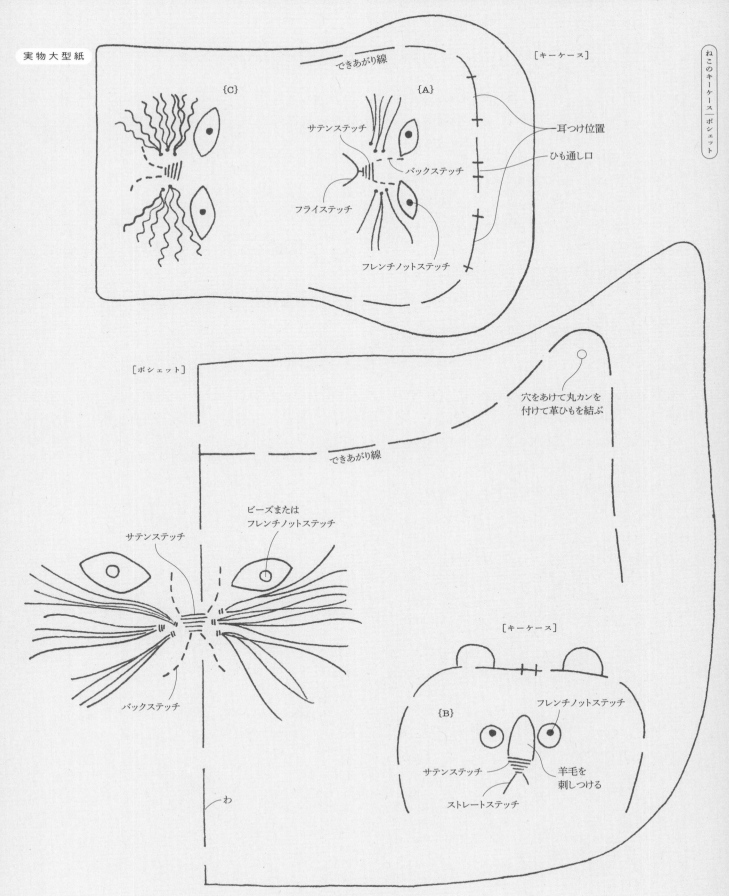

実物大型紙

［キーケース］

できあがり線

{C}

{A}

サテンステッチ

耳つけ位置

ひも通し口

バックステッチ

フライステッチ

フレンチノットステッチ

［ポシェット］

できあがり線

穴をあけて丸カンを
付けて革ひもを結ぶ

サテンステッチ

ビーズまたは
フレンチノットステッチ

バックステッチ

わ

［キーケース］

{B}

フレンチノットステッチ

羊毛を
刺しつける

サテンステッチ

ストレートステッチ

ミニバスケット｜グラスホルダー ☞ P.16,21

[ミニバスケットA・B・C]　[グラスホルダー]

[できあがりサイズ] ミニバスケット…縦10×横22.5cm、グラスホルダー…縦7×横17cm

材料（1点分）

[ミニバスケット]

　羊毛…表用6g×2、内側用6g×2

[グラスホルダー]

　羊毛…表用4g×2、内側用4g×2

[共通]

　目・くちばし・足（ミニバスケットのみ）用革、

　目用刺しゅう糸…各適量

　牛乳パック（1リットル用）…1枚

　洗剤入りのお湯、多用途接着剤…各適量

POINT

・型紙を取り出したあと、表に返さずに仕上げる。

作り方

1　型紙の上に羊毛を1ブロックずつ広げ、4ブロック分を用意する。

2　1ブロックずつに洗剤入りのお湯をかけて型紙を羊毛でくるむ。

3　表面が縮絨するまで手でこする。（☞ここまではP.50〜51手順1〜17参照）

4　切り込みを入れて型紙を取り出す。

[ミニバスケット]

10cm

[グラスホルダー]

上部の◆〜◆と底の◇〜◇に切り込みを入れる

5　手にポリ袋をかぶせて握りこぶしを中に入れ、外側をこすって丸みを出す

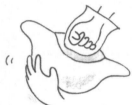
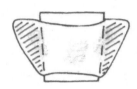

手にポリ袋をかぶせて握りこぶしを中に入れ、内側をこすって丸みを出す。外側も手にポリ袋をかぶせてこする

牛乳パックで作った中板を入れ、斜線部を縮絨しながら接着させる

6　中板を外し、手を入れて縮絨する。グラスなどを入れてさらに縮絨し、流水ですすいで乾かす[グラスホルダー]。顔を作る。Bは目の上に少量の赤の羊毛をフェルティングニードルで刺しつける[ミニバスケット]。

[ミニバスケット]

[グラスホルダー]

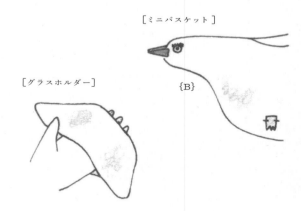

{B}

7　顔を作る。くちばしは革を三角に切り、本体をはさんで接着剤でつける。さらに縫いとめてもよい。

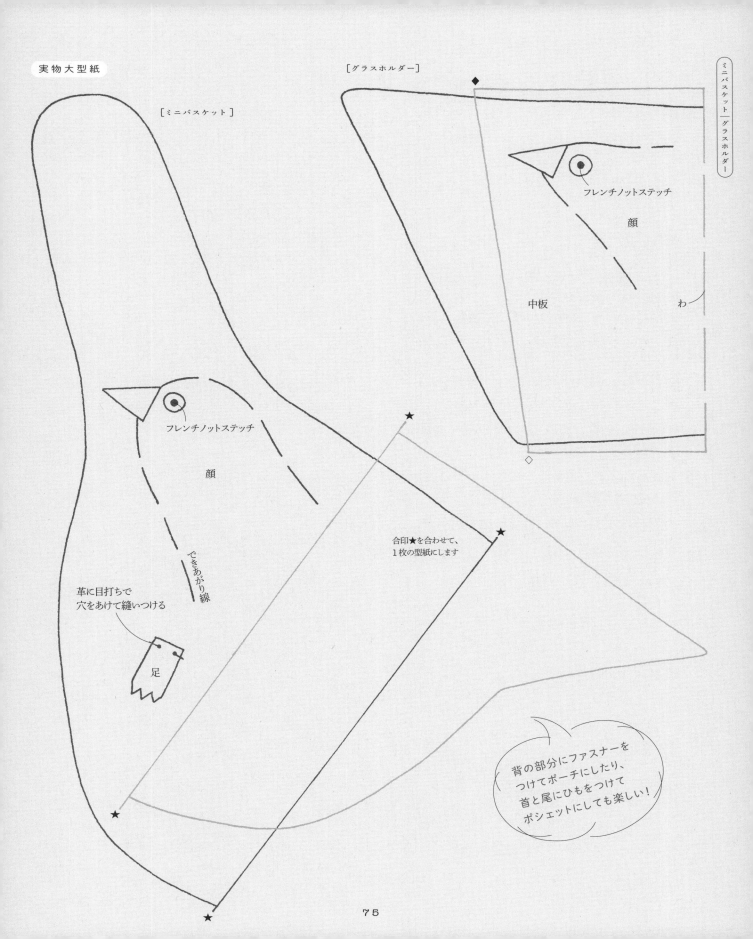

実物大型紙

[ミニバスケット]

[グラスホルダー]

フレンチノットステッチ

顔

中板

わ

フレンチノットステッチ

顔

できあがり線

合印★を合わせて、
1枚の型紙にします

革に目打ちで
穴をあけて縫いつける

足

背の部分にファスナーを
つけてポーチにしたり、
首と尾にひもをつけて
ポシェットにしても楽しい！

75

とりのミニマット (モビール) ｜ ランチョンマット ☞P.18,19,22

［ミニマット(モビール)］［ランチョンマット］

［できあがりサイズ］とりのミニマット(モビール)…縦19×横19.5cm、ランチョンマット…縦13×横25cm

材料（1点分）

［ミニマット(モビール)］
　　羊毛…9g×2

［ランチョンマット］
　　羊毛…10g×2

［共通］
　　目・くちばし用革、目用刺しゅう糸…各適量
　　気泡緩衝材…35×25cm
　　洗剤入りのお湯、多用途接着剤…各適量

POINT

・型紙は取り出しやすいように、やわらかい素材を使い、
　縮絨する前に型を取りだし、表に返さずに仕上げる。

作り方

1 気泡緩衝材で作った型紙の上に羊毛を1ブロックずつ広げ、2ブロック分を用意する。

2 1ブロックずつに洗剤入りのお湯をかけて型紙を羊毛でくるむ。

3 表面が縮絨する前(☞ここまではP.50〜51手順1〜16参照)まで手でこする。

4 裏に2cmほど切り込みを入れ、型紙を取り出す。

5 できあがりサイズになるまで縮絨し、すすいで乾かして顔を作る。

［ミニマット(モビール)］

革ではさんで接着剤でつける

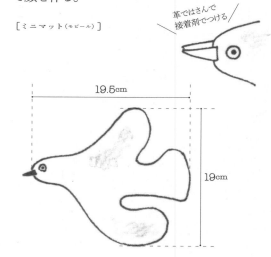

19.5cm

19cm

［ミニマット(モビール)］

2cm

小さく切り込みを入れて型紙を取り出す。切り込みの付近の羊毛をほぐしてならし、洗濯ネットを重ねて、縮絨しながらふさいで隠す

［ランチョンマット］

2cm

［ランチョンマット］

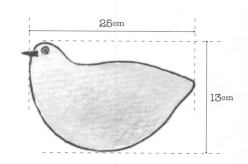

25cm

13cm

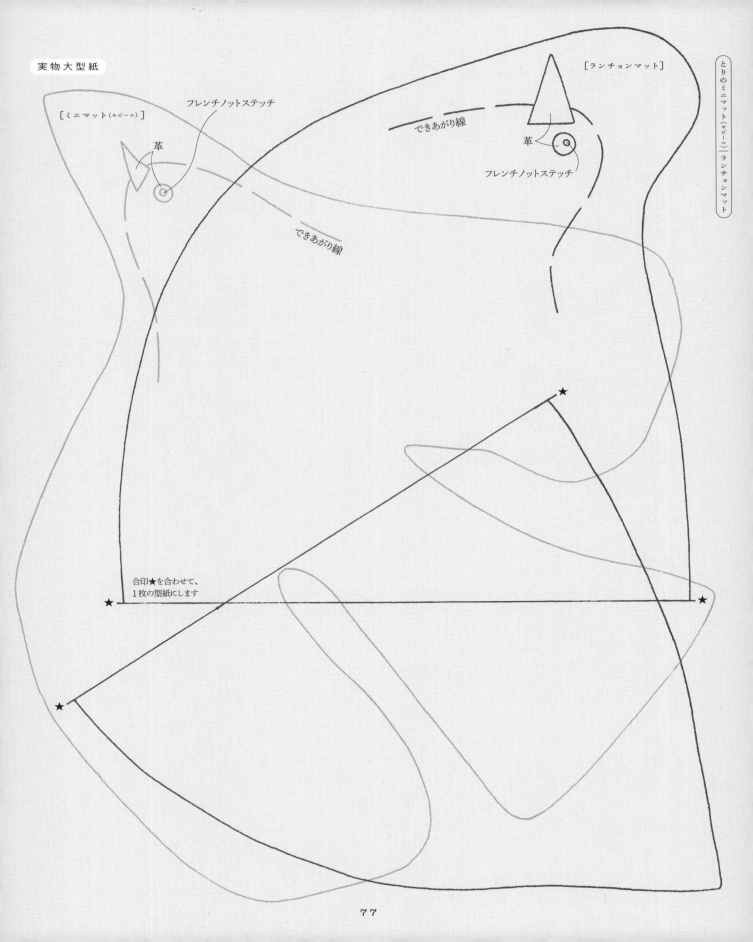

実物大型紙

[ミニマット（モビール）]

フレンチノットステッチ

革

[ランチョンマット]

できあがり線

革

フレンチノットステッチ

できあがり線

とりのミニマット（モビール）／ランチョンマット

合印★を合わせて、
1枚の型紙にします

77

とりの立体モビール

☞P.20

［できあがりサイズ］縦25×横23cm

材料（1点分）

羊毛…14g×2

くちばし用革、手芸わた…各適量

気泡緩衝材…35×35cm

洗剤入りのお湯、多用途接着剤…各適量

POINT

・型紙は取り出しやすいやわらかい素材を使い、縮絨する前に型を取り出し、表に返さずに仕上げる。

作り方

1 気泡緩衝材で作った型紙の上に羊毛を1ブロックずつ広げ、2ブロック分を用意する。

2 1ブロックずつに洗剤入りのお湯をかけて型紙を羊毛でくるむ。

3 表面が縮絨するまで手でこする。（☞ここまではP.50〜51手順1〜17参照）

4 裏に2cmほど切り込みを入れ、型紙を取り出す。

小さく切り込みを入れて型紙を取り出す。切り込み付近の羊毛をほぐしてならし、洗濯ネットを重ねて縮絨しながらふさいで隠す。

5 切り込みから手芸わたを入れて体をふくらませる。切り口を縮絨しながらふさぎ、斜線部（翼と尾）は平らに、胴体は立体になるようにこする。

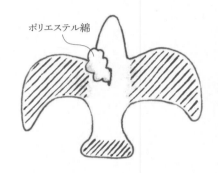

ポリエステル綿

6 できあがり寸法になるまで縮絨し、流水ですすいで乾かしてくちばしを接着剤で付ける。

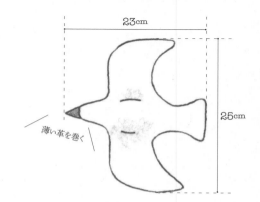

23cm

25cm

薄い革を巻く

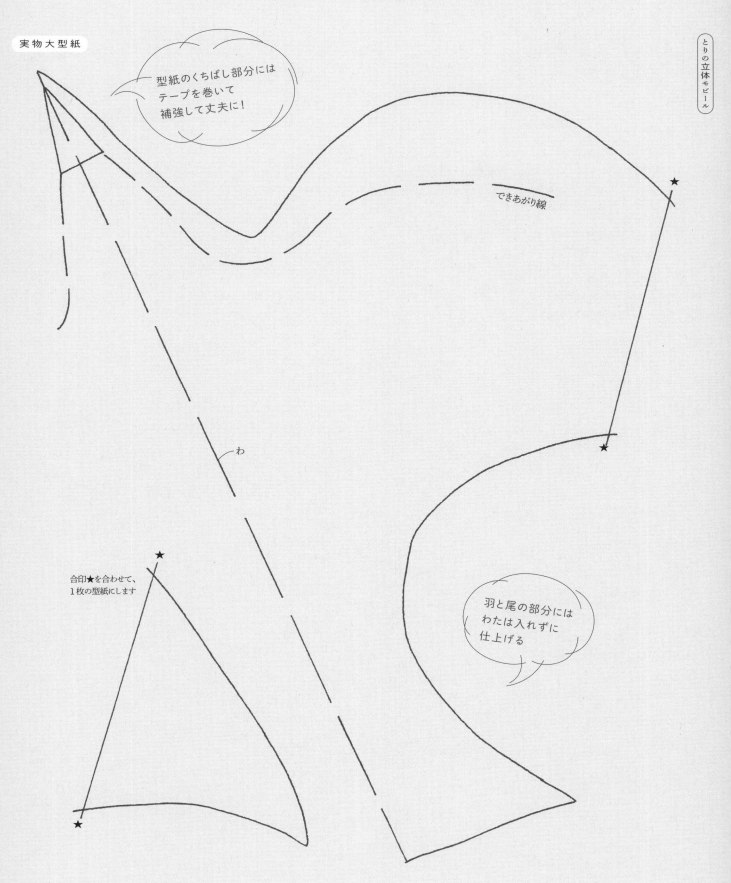

実物大型紙

型紙のくちばし部分には
テープを巻いて
補強して丈夫に！

できあがり線

わ

合印★を合わせて、
1枚の型紙にします

羽と尾の部分には
わたは入れずに
仕上げる

とりのブローチ｜三角のブローチ ☞ P.23,39

[できあがりサイズ] とりのブローチ … 縦4×横6.5cm、三角のブローチ … 幅3〜6cm

[とりのブローチ]　[三角のブローチ]

材料（1点分）

[とりのブローチ]

市販のフェルト … 5×10cmを3枚

羊毛、くちばし・足用革、目用刺しゅう糸 … 各適量

[三角のブローチ]

余った縮絨済み羊毛フェルト … 適量

[共通]

裏用革 … 適量

ブローチピン … 1個

多用途接着剤 … 適量

POINT

・毛糸や油性ペンで目や模様を入れてもよい。

・毛羽立った羊毛ははさみで切って整える。

・羊毛フェルトは、P.40「四角いフォトフレーム」の切り抜いた窓部分を利用する。

作り方

[とりのブローチ]

1 市販のフェルトを型紙通りに3枚切って1枚をスポンジなどの台の上に置き、羊毛をフェルティングニードルで刺しつける。

2 目に羊毛を刺し、刺しゅうをする。

3 残り2枚のフェルトを（くちばしと足をはさみながら）接着剤で付ける。

4 裏用革にブローチピンを縫いつけ、裏に付ける。

羊毛

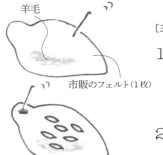
市販のフェルト（1枚）

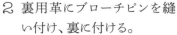
市販のフェルト

ブローチピン

革

[三角のブローチ]

1 縮絨済みの羊毛フェルトを好みの形の三角に切り、刺しゅうをする。

2 裏用革にブローチピンを縫い付け、裏に付ける。

フォトフレームを作る際などに、切り抜いて余った羊毛フェルトを使いましょう

羊毛フェルト（1枚）

革　ブローチピン

実物大型紙

[とりのブローチ]

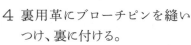

フレンチノットステッチ

くちばし

レゼーデージーステッチ

足

ストレートステッチ

[三角のブローチ]

ひつじとくまのブローチ

☞P.32

[できあがりサイズ] ひつじのブローチ…縦7×横6m、くまのブローチ…縦3.5×横3cm

[ひつじのブローチ] [くまのブローチ]

材料（1点分）

[ひつじのブローチ]

土台布用麻布（ジュート）…20×20cm

顔用羊毛…適量　裏用革…10×10cm

耳用革、刺しゅう糸…各適量

[くまのブローチ]

羊毛・余った縮絨済み羊毛フェルト（切れ端含む）
　…各適量

裏用革（耳も含めた形）…5×5cm

目・口用刺しゅう糸、クリアファイル…各適量

[共通]

ブローチピン…1個

多用途接着剤…適量

POINT

・鼻は立体的になるように羊毛を少しずつ重ねて刺しつける。

・ひつじのブローチは太めの毛糸を使ってもよい。

作り方

[ひつじのブローチ]

1 麻布に顔用羊毛をフェルティングニードルで刺しつけ、羊毛を顔の周りにフッキングする。

フェルティングニードル

刺しゅう枠

麻布

[フッキングの仕方]

引き出す

麻布

撚った羊毛

端は引き上げる

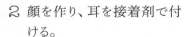

2 顔を作り、耳を接着剤で付ける。

3 麻布に1.5cmの折り代をつけて裁ち、内側へ折り込んで、ブローチピンを縫いつけた革を裏側に接着剤で貼る。

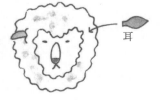

耳

[くまのブローチ]

1 型を作り、羊毛フェルトを刺しつける。

フェルティングニードル

1cm

型

羊毛や羊毛フェルトの切れ端

クリアファイルなどで型を作り、羊毛や羊毛フェルトの切れ端を入れて刺し固める

2 顔を作り、ブローチピンを縫いつけた革を裏側に貼る。

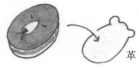

革

実物大型紙

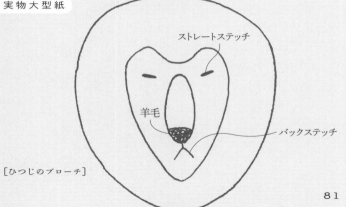

ストレートステッチ

羊毛

バックステッチ

[ひつじのブローチ]

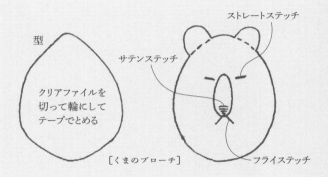

型

クリアファイルを切って輪にしてテープでとめる

ストレートステッチ

サテンステッチ

フライステッチ

[くまのブローチ]

くまのコースターとポーチ

☞P.24

［できあがりサイズ］ くまのコースター…縦21×横11cm、ポーチ…縦25×横13.5cm

［くまのコースター］　　　［ポーチ］

材料（1点分）

[くまのコースター]

　　羊毛…9g×2

　　気泡緩衝材…35×20cm

[ポーチ]

　　羊毛…表用10g×2、内側用9g×2

　　牛乳パック（1リットル用）…1枚

[共通]

　　目・耳用革、鼻・模様用羊毛、

　　　目・鼻・口・手用刺しゅう糸…適量

　　洗剤入りお湯、多用途ボンド…適量

POINT

・コースターの型紙は取り出しやすいように、やわらかい素材を使い、縮絨する前に型を取りだし、表に返さずに仕上げる。

作り方

[ポーチ]

1　型紙の上に羊毛を表用と内側用の各2ブロック分を用意する。

2　1ブロックずつに洗剤入りのお湯をかけて型紙を羊毛で表用→内側用の順にくるむ。

3　表面が縮絨するまで手でこする。（☞ここまではP.50〜51手順1〜17参照）

4　できあがり線と同じ向きにしてから切り込みを入れ、型紙を取り出す。

5　できあがりサイズになるまで縮絨し、流水ですすいで乾かす。

7cm

内側

切り込みは好みの
位置に入れる

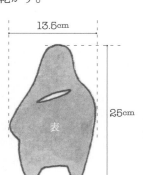

13.5cm

表

25cm

切り込みから表に
返し、できあがりサ
イズまで縮絨する

6　顔を作り、手を刺しゅうする。好みで切り口にファスナーや革ボタンをつける。

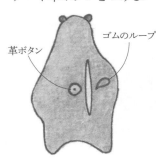

革ボタン　　ゴムのループ

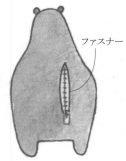

ファスナー

[コースター]

P.76のミニマットとコースターと同様に作る

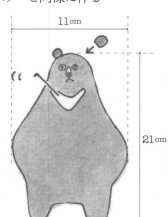

11cm

21cm

ポーチもコースターも、首もとに
白い羊毛で模様をフェルティン
グニードルで刺しつける

82

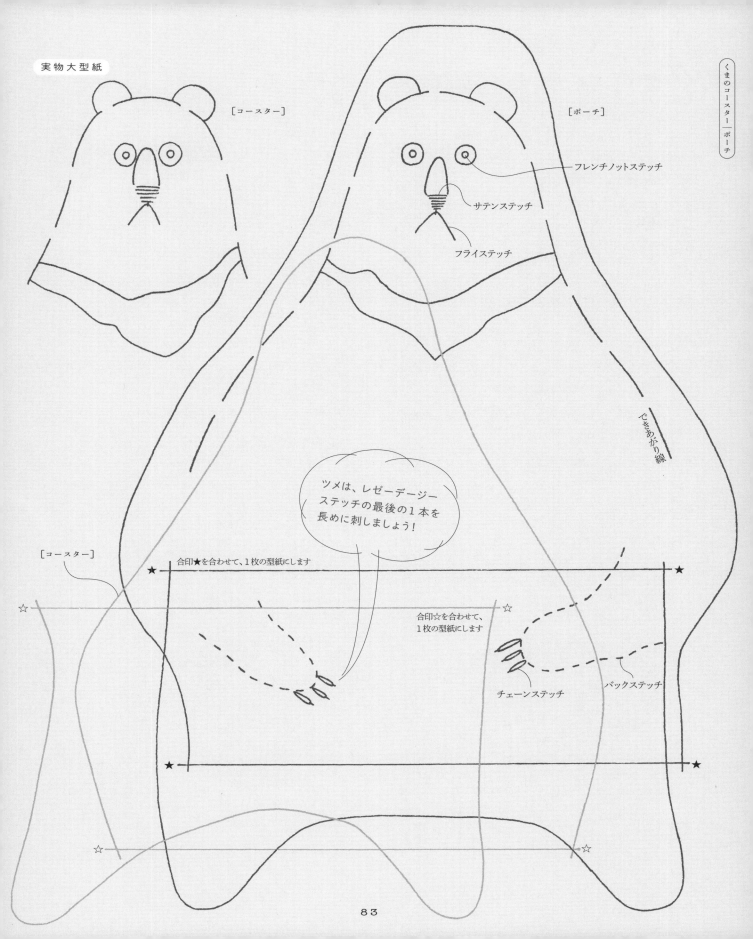

実物大型紙

［コースター］

［ポーチ］

フレンチノットステッチ

サテンステッチ

フライステッチ

できあがり線

ツメは、レゼーデージー
ステッチの最後の1本を
長めに刺しましょう！

［コースター］

合印★を合わせて、1枚の型紙にします

合印☆を合わせて、
1枚の型紙にします

チェーンステッチ

バックステッチ

83

くまのポーチ｜コアラのポーチ

☞P.28,29

[できあがりサイズ] 縦10.5×横16.5cm

[くまのポーチA・B・C]　[コアラのポーチ]

材料（1点分）

羊毛…表用6g×2、内側用6g×2

目・耳用革、目・鼻用刺しゅう糸、
　ファヤーン（コアラのみ）…適量

角カン（くまのみ）…1個

牛乳パック（1リットル用）…1枚

洗剤入りのお湯、多用途接着剤…各適量

POINT

・本体の作り方は、P.49の「きほんのねこA」と同じ。

・くまのポーチの糸巻きボタンの目の作り方は☞P.62
　参照。

作り方

1　型紙の上に羊毛を1ブロックずつ広げ、表用と内側
　用の各2ブロック分を用意する。

2　1ブロックずつに洗剤入りのお湯をかけて型紙を羊
　毛で表用→内側用の順にくるむ。

3　表面が縮絨するまで手でこする。（☞ここまではP.50〜
　51手順1〜17参照）

4　できあがり線と同じ向きにして切り込みを入れ、型
　紙を取り出して表に返す。

5　できあがりサイズになるまで縮絨し、すすいで乾かす。

6　耳をつけ、顔を作る。

[くまのポーチ]

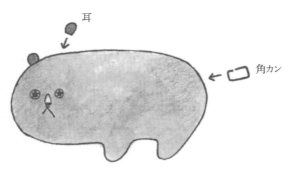

Cの目は糸巻きボタンを付けてもよい。
糸巻きボタンの作り方は☞P.62参照

[コアラのポーチ]

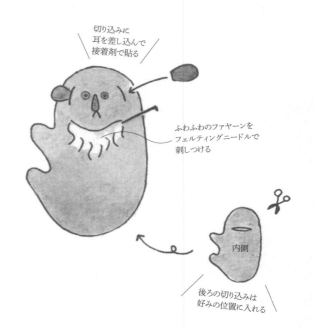

切り込みに
耳を差し込んで
接着剤で貼る

ふわふわのファヤーンを
フェルティングニードルで
刺しつける

内側

後ろの切り込みは
好みの位置に入れる

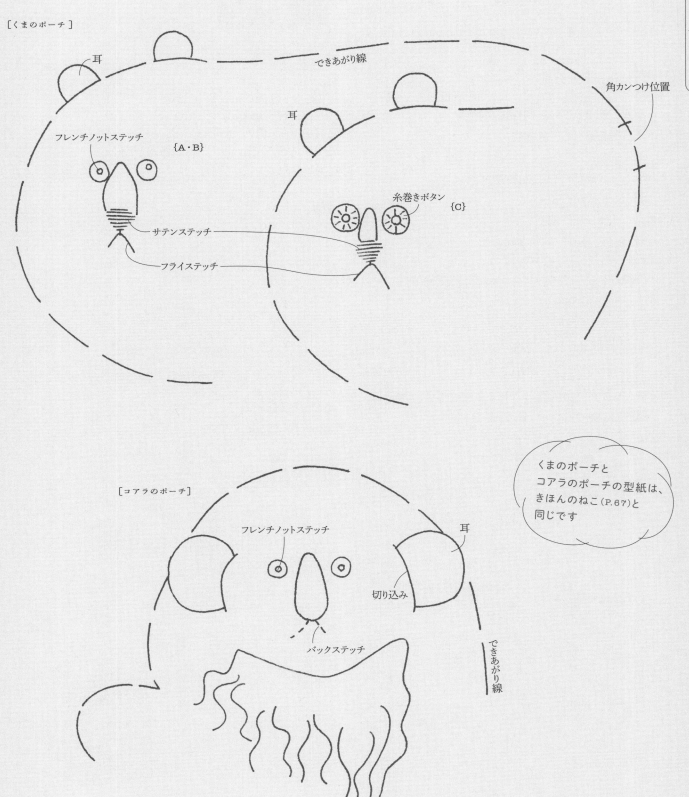

[くまのポーチ]

耳

できあがり線

角カンつけ位置

フレンチノットステッチ

{A・B}

サテンステッチ

フライステッチ

耳

糸巻きボタン

{C}

[コアラのポーチ]

フレンチノットステッチ

耳

切り込み

バックステッチ

できあがり線

くまのポーチと
コアラのポーチの型紙は、
きほんのねこ (P.67)と
同じです

くまのミニミニポーチ

{A・B}　　{C・D}

☞P.30

[できあがりサイズ] A…11.5×9cm、B…13.5×10cm

材料（1点分）

[A]
　　羊毛…表用5g×2、内側用4g×2
　　鼻・模様用羊毛…各適量

[B]
　　羊毛…表用6g×2、内側用5g×2
　　目・耳用革…適量

[共通]
　　顔、模様、手（Bのみ）用刺しゅう糸…各適量
　　牛乳パック（1リットル用）…1枚
　　洗剤入りのお湯、多用途接着剤…各適量

POINT

・白目は好みで革か羊毛で作る。

作り方

1　型紙の上に羊毛を1ブロックずつ広げ、表用と内側用の各2ブロック分を用意する。

2　1ブロックずつに洗剤入りのお湯をかけ、型紙を羊毛で表用→内側用の順にくるむ。

3　表面が縮絨するまで手でこする。（☞ここまではP.50～51手順1～17参照）

4　入れ口に切り込みを入れて型紙を取り出し、表に返す。

5　できあがりサイズになるまで縮絨し、すすいで乾かす。

6　羊毛で顔と模様を刺し、顔を刺しゅうする。Bのみ耳を差し込む。

{A}
8cm
内側

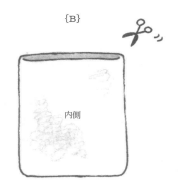

{B}
内側

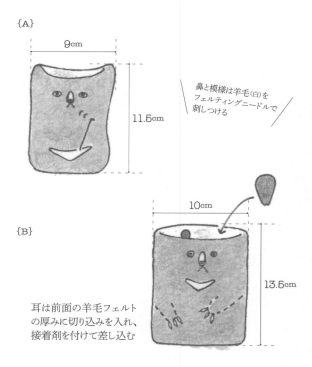

{A}
9cm
11.5cm

鼻と模様は羊毛（白）をフェルティングニードルで刺しつける

{B}
10cm
13.5cm

耳は前面の羊毛フェルトの厚みに切り込みを入れ、接着剤を付けて差し込む

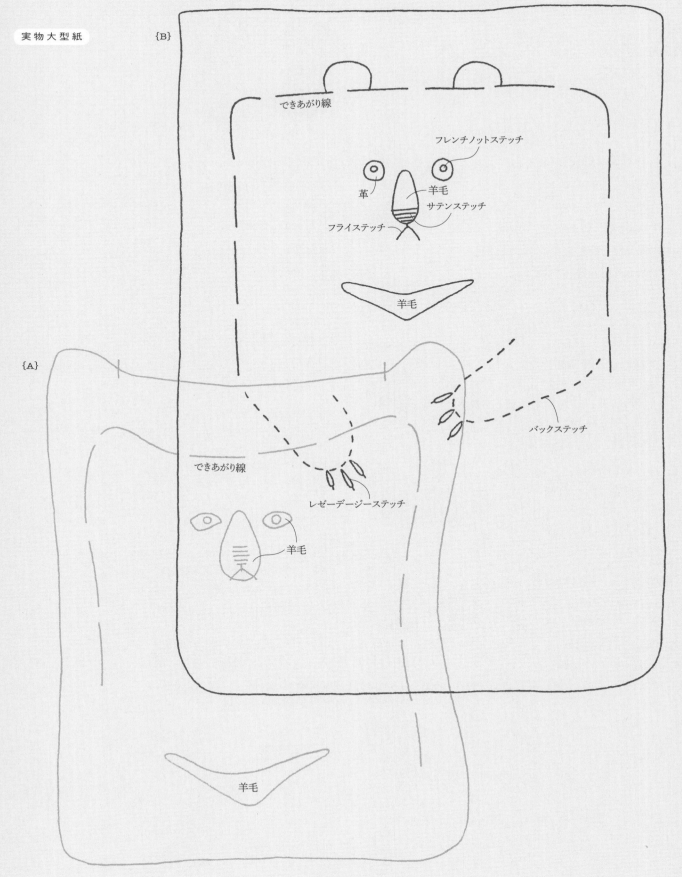

{B}

できあがり線

フレンチノットステッチ

革　　羊毛

サテンステッチ

フライステッチ

羊毛

{A}

バックステッチ

できあがり線

レゼーデージーステッチ

羊毛

羊毛

くまのミニミニポーチ

人形｜森の住人

［人形］　　　　　　　　　　［森の住人］

☞P.33,34

［できあがりサイズ］　人形…体長21cm、森の住人…体長28.5cm

材料（1点分）

［人形］
羊毛…顔用1g×2、髪用2g×2
体用ウール布…25×15cm（2枚）
ブローチピン…1個
目・口用刺しゅう糸、手芸わた…各適量
牛乳パック（1リットル用）…1枚
洗剤入りのお湯…適量

［森の住人］
羊毛…表用10g×2、内側用10g×2
顔用羊毛・目用革・口用刺しゅう糸、
　手芸わた…各適量
牛乳パック（1リットル用）…1枚
洗剤入りのお湯…適量

POINT

・人形（ブローチ）の頭は、表に返さずに仕上げる。

・鼻は立体的になるように羊毛を少しずつ重ねて刺しつける。

作り方

［人形］

1　型紙の上に顔用羊毛を1ブロックずつ広げ、洗剤入りのお湯をかけ、髪用羊毛は顔部分を残して重ねて洗剤入りのお湯をかけて縮絨する。

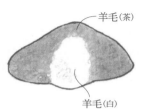

羊毛（茶）
羊毛（白）

2　後ろに切り込みを入れて型紙を取り出し、内部に指を入れてさらに縮絨し、すすいで乾かしてから手芸わたを詰める。

手芸わた
2cm

3　顔を作る。目と口を刺しゅうし、鼻は羊毛をフェルティングニードルで刺しつける。

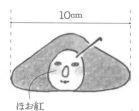

10cm
ほお紅

4　体用ウール布2枚を中表に合わせて縫い、表に返して返し口をまつってとじる。

裏

へこんだ角には切り込みを入れる

顔にブローチピンを付け、体に付ける。

［森の住人］

1　羊毛を型紙の上に1ブロックずつ広げ、表用と内側用各2ブロック分を用意する。

2　型紙の顔部分に羊毛を置いてから、1ブロックずつに洗剤入りのお湯をかけて型紙を羊毛で表用→内側用の順にくるむ。

3　表面が縮絨するまで手でこする。（☞ここまではP.50〜51手順1〜17参照）

4　できあがり線と同じ向きにして切り込みを入れ、型紙を取り出して表に返す。

8cm

5　できあがりサイズになるまで縮絨し、流水ですすいで乾かす。手芸わたを詰めて口をとじる。

手芸わた

6　顔を作る。

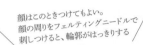

顔はこのときつけてもよい。顔の周りをフェルティングニードルで刺しつけると、輪郭がはっきりする

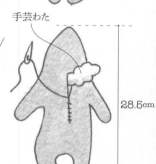

28.5cm

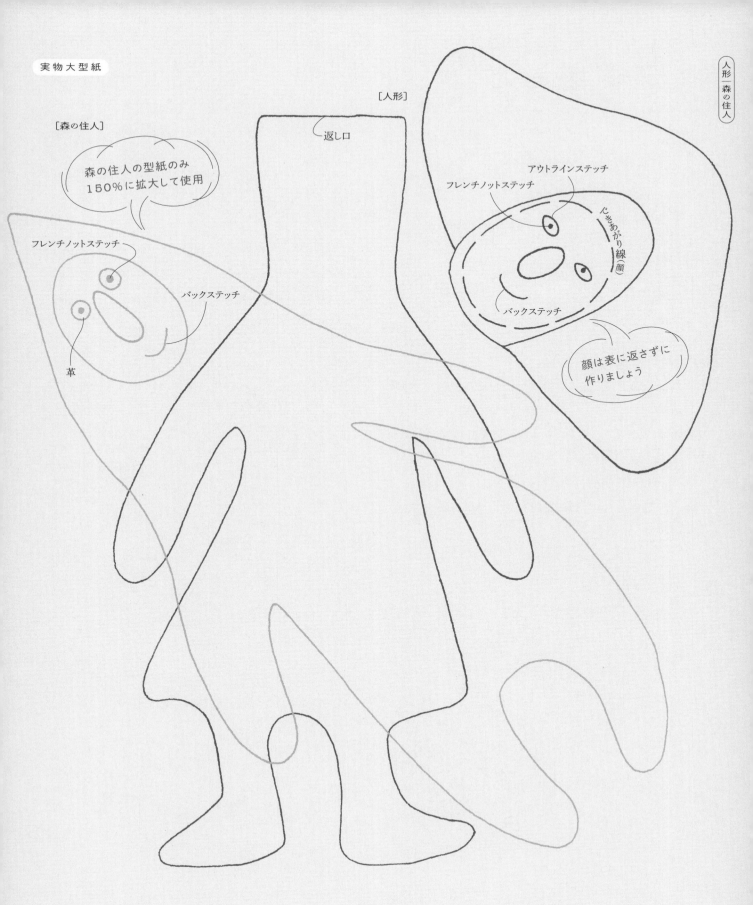

ミ ニ 植 物 か ご ｜ ポ ッ ト コ ジ ー

☞ P.36,37

［できあがりサイズ］ ミニ植物かご…高さ8.5cm、ポットコジー…高さ6.5cm

［ミニ植物かご］　［ポットコジー］

材料（1点分）

［ミニ植物かご］

羊毛…表用9g×2、内側用9g×2

気泡緩衝材…30×30cm

洗剤入りお湯…適量

［ポットコジー］

羊毛…表用7g×2、内側用6g×2

牛乳パック（1リットル用）…1枚

洗剤入りのお湯…適量

POINT

・ポットコジーの模様は1または6の段階で入れる。

・ミニ植物かごの型紙は取り出しやすいように、やわらかい素材で作る。

作り方

1 型紙の上に羊毛を1ブロックずつ広げ、表用と内側用の各2ブロック分を用意する。

2 洗剤入りのお湯を1ブロックずつ掛け、型紙を羊毛で表用→内側用の順にくるむ。

3 表面が縮絨するまで手でこする。

4 切り込みを入れ、型紙を取り出し、表に返して縮絨する。

5 できあがりサイズになるまで、ポリ袋をかぶせた手を中に入れ、内側と外側をこすります。外側もポリ袋をかぶせた手でこすり、丸くなるように縮絨しながら形を整える［ミニ植物かご］。できあがりサイズになるまで、容器を出し入れしながら好みの形に縮絨する［ポットコジー］。

［ミニ植物かご］

6 口側を好みで切り揃え、流水ですすいで乾かす。

7 別な色の羊毛で縁に模様を刺しつけてもよい［ポットコジー］。

［ポットコジー］

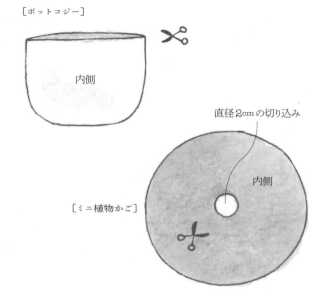

内側

直径2cmの切り込み

内側

［ミニ植物かご］

フェルティングニードル

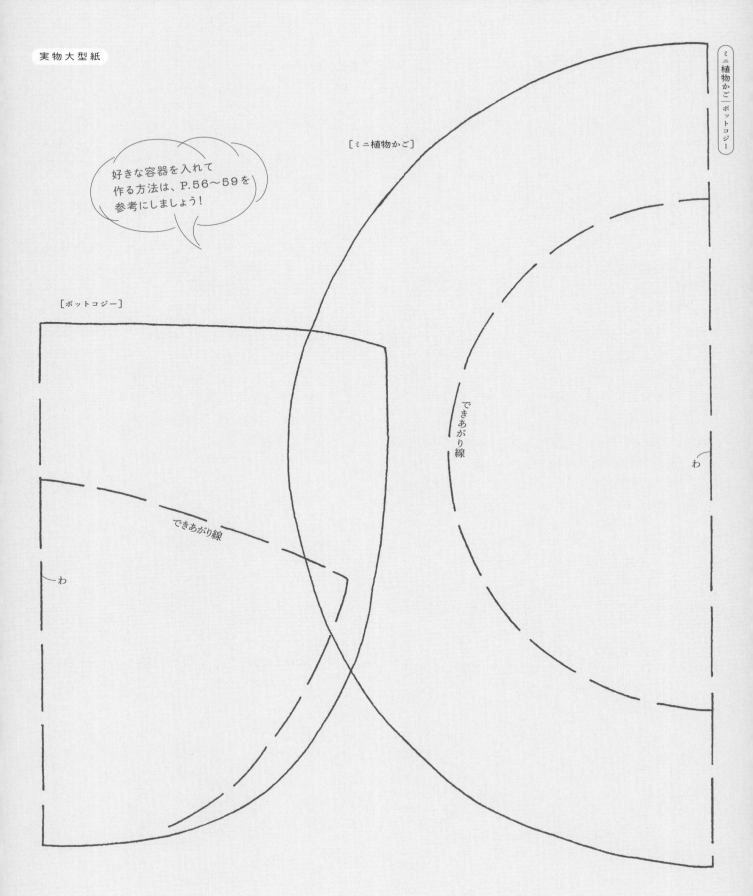

実物大型紙

ミニ植物かご｜ポットコジー

好きな容器を入れて
作る方法は、P.56～59を
参考にしましょう！

[ミニ植物かご]

[ポットコジー]

できあがり線

できあがり線

わ

わ

山のミニマットとコースター

☞ P.38

［できあがりサイズ］山のミニマット…縦15×横23cm、コースター…縦15×横17cm

［ミニマット］　［コースター］

材料（1点分）

［ミニマット］
　　羊毛…10g×2
　　気泡緩衝材…35×20cm

［コースター］
　　羊毛…8g×2
　　気泡緩衝材…25×25cm

［共通］
　　直径2〜4.5cmリング…1個
　　洗剤入りのお湯…適量

POINT

・型紙は取り出しやすいように、やわらかい素材を使い、縮絨する前に型を取りだし、表に返さずに仕上げる。

作り方

1　型紙の上に羊毛を1ブロックずつ広げ、2ブロック分を用意する。

2　1ブロックずつに洗剤入りのお湯をかけ、まず1ブロックで型紙の片面を羊毛でくるみ、表に返してはみ出した羊毛を折り込む。このときリングも一緒に巻き込む。

［ミニマット］

リング

型紙

［コースター］

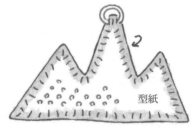

型紙

3　残りの羊毛1ブロックをのせて型紙をくるみ、小さく切り込みを入れて型紙を取り出す。

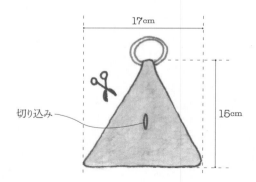

17cm

15cm

切り込み

4　切り込み付近の羊毛をほぐしてならし、洗濯ネットを重ねて縮絨しながらふさいで隠す。できあがりサイズまで縮絨し、流水ですすいで乾かす。

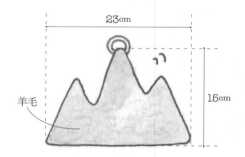

23cm

15cm

羊毛

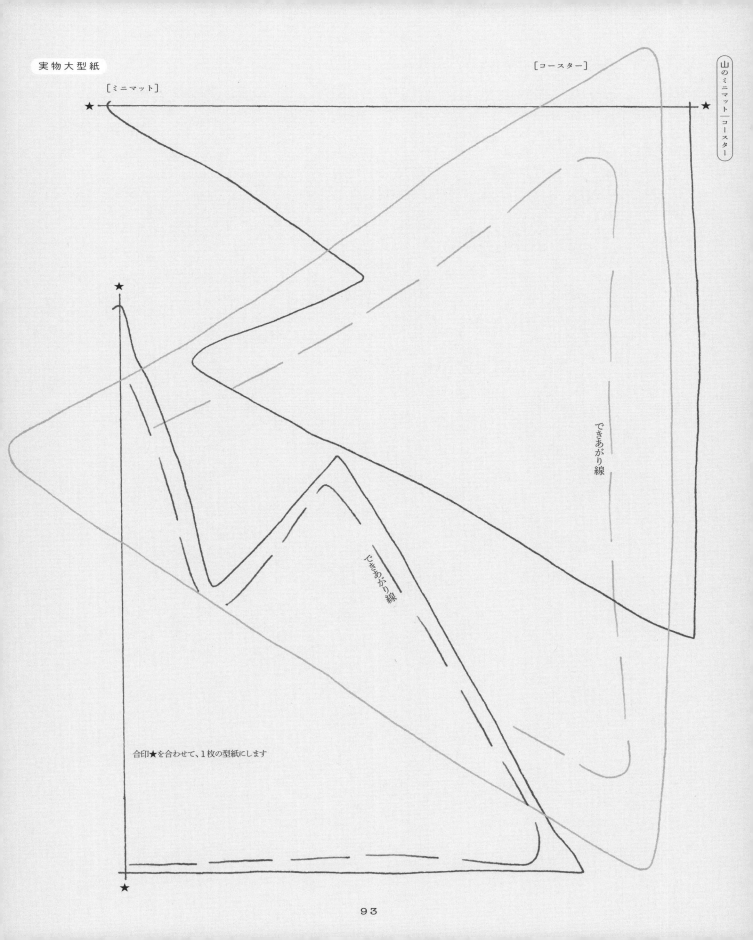

実物大型紙

[ミニマット]

[コースター]

山のミニマット─コースター

できあがり線

できあがり線

合印★を合わせて、1枚の型紙にします

93

実物大型紙 [四角いフォトフレーム☞P.40（詳しい作り方は☞P.44）]

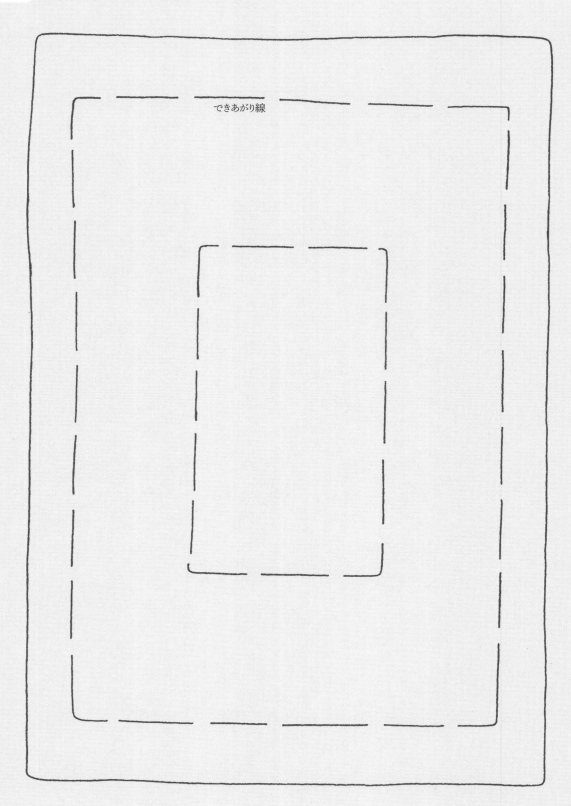

できあがり線

できあがり線

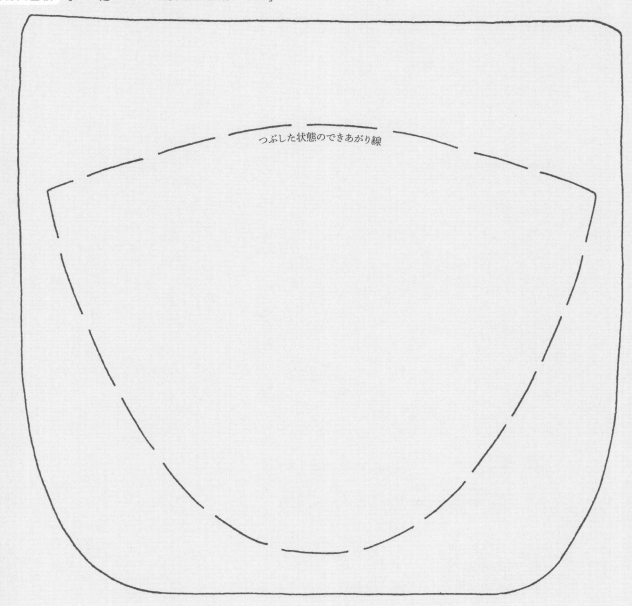

つぶした状態のできあがり線

刺しゅうのステッチの刺し方

[ストレートステッチ]

[バックステッチ]

①出
③出　②入

[サテンステッチ]
②入
①出　③出　④入

[アウトラインステッチ]

[フライステッチ]

[レゼーデージーステッチ]
③出
④入
②入
①出

[フレンチノットステッチ]
②入　①出

イワタマユミ
Iwata Mayumi

物心ついたころより工作や手芸を趣味とし、短大で服飾美術を学んだあとでアパレル商社に就職。その後もずっと物を作り続け、羊の毛に出会う。現在は羊毛作品を中心に、カラフルな糸巻きボタンやダーニングのワークショップ、イベントでも高い人気を誇り、手芸雑誌や書籍に多くの作品を提供している。

Instagram：@feltm

素材購入先

アナンダ
　https://ananda.jp/

この本で使用した羊毛

ナチュラルカラー
　コリデール（アナンダ製ロールなど）
　ロムニー スライバー
　ゴットランド
　スペイン メリノ
染色羊毛
　ロムニー

Staff
撮影　　　　　　　　モデル
　松本のりこ　　　　イワタはと
ブックデザイン
　芝 晶子（文京図案室）
作り方イラスト　　　口絵イラスト
　木村倫子　　　　　イワタマユミ
校正
　木串かつこ
編集
　佐々木純子
　上原千穂（朝日新聞出版 生活・文化編集部）

羊毛の 　自由に作って自由に使う
猫・熊・鳥の小物

監修　イワタマユミ
編著　朝日新聞出版
発行者　橋田真琴
発行所　朝日新聞出版
　　〒104-8011 東京都中央区築地5-3-2
　　電話　03-5541-8996（編集）
　　　　　03-5540-7793（販売）
印刷所　図書印刷株式会社